Hans Jürgen Heringer

Grundfragen der Kommunikation

Eine Art Einführung

Zu diesem Buch

Wie kommt man eigentlich dazu, sich über Kommunikation Gedanken zu machen? Sie ist doch das Natürlichste der Welt.
Wir alle kommunizieren mit großer Selbstverständlichkeit.
Die Fähigkeit ist uns angeboren.
Vielleicht kommt man dazu, sich Gedanken zu machen, wenn man eine gewisse Distanz hat. Wenn man nicht dauernd dem Wirbel und Trubel ausgesetzt ist.
Ratschläger sagen drum auch, man solle sich zurückziehen und reflektieren, wenigstens öfter mal.
Aber das ist bekanntlich nicht so ganz leicht.

Mit diesem Buch soll Ihnen eine verlässliche Grundlage gegeben werden, um über Kommunikation zu sprechen, auch um Ihren Horizont zu erweitern und Sie vorzubereiten für Ihre eigenen Schlüsse.
Alle wichtigen Phänomene werden verlässlich und zugleich gut lesbar dargestellt.
So hoffe ich.

Hans Jürgen Heringer

Grundfragen der Kommunikation

Eine Art Einführung

Bibliografische Information der Deutschen Nationalbibliothek

Die Deutsche Nationalbibliothek verzeichnet diese Publikation in der Deutschen Nationalbibliografie.
Detaillierte bibliografische Daten sind im Internet über
http:/ / dnb.dnb.de abrufbar.

Auf der Bornau 29
D-56321 Brey

Grafik vom Autor. Titelbild Ausschnitt Norman Rockwell „Gossips"

Druck und Endverarbeitung (print on demand):
Books on Demand (BoD) GmbH
In de Tarpen 42
22848 Norderstedt

Printed in Germany

ISBN 978-3-9820854-5-6

Inhalt

Vorwort

Die Fragen, die hier erörtert werden, begleiten mich durch mein Linguistenleben. Darum seh und weiß ich, dass ich an andrer Stelle schon darüber geschrieben habe. Ein bisschen träume ich als Autor davon, dass Sie vielleicht das ein oder andere schon kennen – besser zu kennen glauben. Wenn Sie es zu kennen glauben, dann wäre ich glücklich, weil Sie dann die feinen Unterschiede erkennen könnten. Einen Fortschritt, eine Entwicklung des Autors -;). Aber so verwegen bin ich nicht. Doch wie immer man ein Selbstplagiat definiert, ich seh mich nicht als Selbstplagiator, wenngleich ein bisschen doch Plagiator. Keiner ist allein. Denken Sie an die Schultern von Riesen.

1. Was ist Kommunikation?

Kommunizieren ist Handeln. Es ist gemeinsames Handeln, soziales Handeln. Im engeren Sinn geht es um intentionales Handeln, mit dem etwas zu verstehen gegeben wird. Oberstes Ziel jeder Kommunikation ist: Verstanden werden.

In der Kommunikation werden Zeichen verwendet. In menschlicher Kommunikation sind dies meist sprachliche Zeichen, Zeichen besonderer Art.

Menschliche Kommunikation ist Alltag und so menschlich, dass es leicht und problemlos zu gehen scheint. Nur manchmal werden uns Missverständnisse und Misserfolge bewusst.

Kommunikative Handlungen sind wie alle Handlungen komplex. Damit sie gelingen, müssen bestimmte Bedingungen erfüllt sein. Die Handlungen selbst sind innerlich strukturiert durch die indem-Relation:

> Man macht einen Vorwurf, indem man etwas behauptet, indem man einen Satz äußert.
>
> Man bittet indirekt, indem man eine Frage stellt, indem man einen Fragesatz äußert.
>
> *Könnten Sie etwas zur Seite rücken?*

Es kommunizieren mindestens zwei Partner: Einer handelt, spricht, der andere versteht (oder auch nicht). Es geht um Produktion und Rezeption.

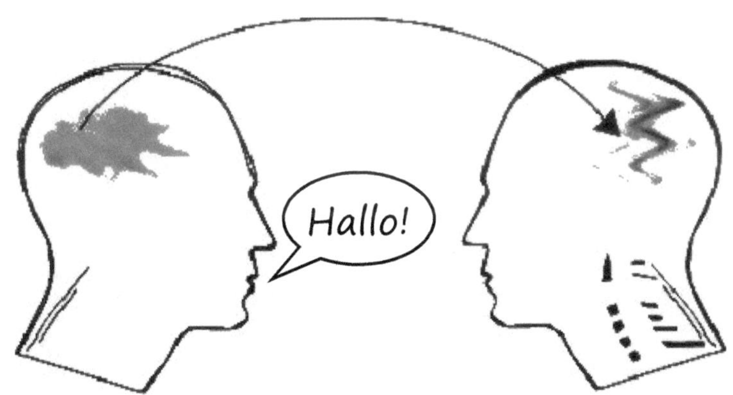

Die Sprecherrolle und Hörerrolle können wechseln: Der Rezipient ist auch Produzent. Auch in diesem Sinn ist jede Kommunikation gemeinsames Handeln, eben Interaktion.

Das Wort *Kommunikation* wird in mancherlei Sinn verwendet. Es gibt ja bekanntlich auch kommunizierende Röhren oder Kommunikation unter und mit Maschinen. Und dann wird auch gern allgemeiner gesprochen von Kommunikation unter Lebewesen.
Diese Art der Kommunikation hier bleibt dem Menschen vorbehalten: Der Mensch ist nicht einfach das sprechende Tier, wie es seit alters heißt. Er ist das kommunizierende Tier. Kommunikation ist Teil der Naturgeschichte des Menschen.

Die wesentlichen Komponenten der Kommunikation sind hier dargestellt.

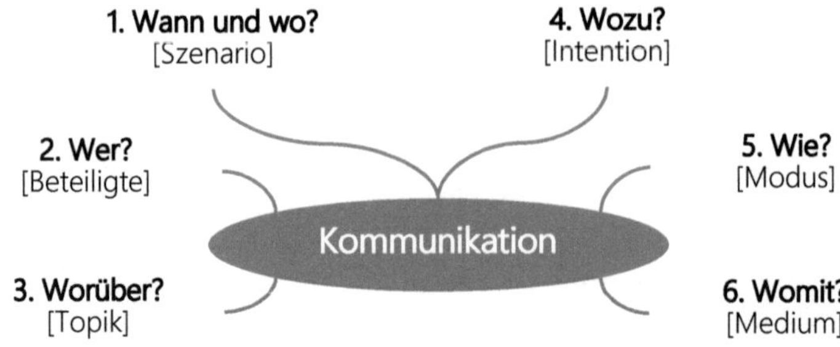

Dies sind zugleich Fragen, die wir stillschweigend als jeweils geklärt voraussetzen. Im Zweifelsfall können wir sie aber ausbuchstabieren und weiterfragen.

Wann wird kommuniziert? ► Welcher Zeitraum ist für die Partner relevant? ► Was bedeutet das für die Partner? **Wo wird kommuniziert?** ► Wie weit konzipieren die Partner den Raum? ► Welche räumliche Anordnung der Partner? ► In welchem Abstand befinden sie sich? ► Sind die Partner präsent oder nicht?	**Wie wird kommuniziert?** ► Was ist verbal, was nonverbal? ► Direkt oder indirekt? ► In welcher Sprache: Muttersprache oder Fremdsprache? ► In welchem Stil?
Worüber wird gesprochen? ► Worum geht es? ► Wird das von den Partnern gleich gesehen? ► Gibt es übliche Abläufe? ► Was sagt man und was besser nicht? (Tabu)	**Was ist das Ziel des Ganzen?** ► Ist das Ziel klar oder vorgegeben? ► Wie entwickelt sich das Ziel? ► Welches Ziel ist den Partnern gemeinsam? ► Welche Ziele sind unterschiedlich? ► Akzeptieren die Partner ihre wechselseitigen Ziele?
In welcher Beziehung sehen sich die Partner? ► Symmetrisch? Asymmetrisch? ► Tun beide das Gleiche, dürfen beide das Gleiche tun? ► Fühlen sich beide jeweils vom Partner respektiert? ► Tritt ein Partner dominant auf oder wird sein Auftreten so empfunden?	**Welches Medium findet Verwendung?** ► Schrift (optisch)? ► Gesprochene Sprache (akustisch)? ► Körpersprache (gestisch, mimisch, taktil)? ► Telefon? ► Chat?

2. Könnte man Kommunikation modellieren?

In der Wissenschaft, aber auch in verständlichen Darstellungen wird Kommunikation eher metaphorisch gedacht und gefasst als eine Art Übertragung eines Gedankens, einer Vorstellung, einer Botschaft. Man bedient sich eines Modells. So wurde auch Kommunikation unterschiedlich modelliert. Weite Verbreitung gefunden hat das Sender-Empfänger-Modell. Es ist dem technischen Modell der Nachrichtenübertragung entlehnt.
Menschliche Kommunikation wird darin gefasst als Übermittlung von Nachrichten zwischen Person A und B. Die Kommunikationspartner nehmen abwechselnd die Rolle von Sender und Empfänger ein, ähnlich der Abfolge beim Sprechfunk, bei dem die Beteiligten wählen müssen zwischen Senden und Empfangen.
Es ist das Transportmodell der Kommunikation: Von mir zu dir.

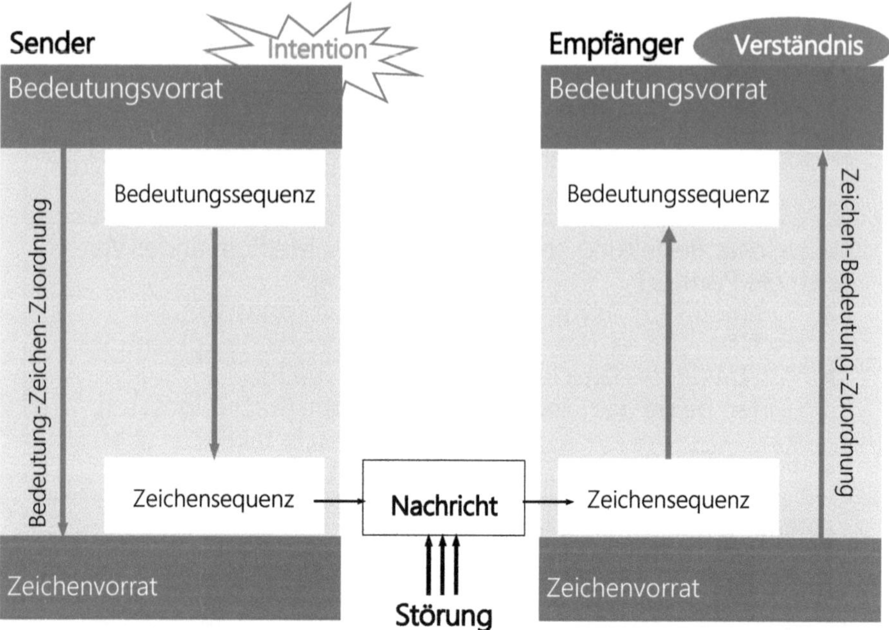

Eine Person A hat die Intention, einer anderen Person B etwas mitzuteilen. Dieses Etwas fasst A in Worte (kodiert es) und äußert diese Worte. Die Person B vernimmt die Laute und entnimmt ihren Sinn (dekodiert sie). Was vorher im Kopf von A nur war (eine wolkige Intention) ist danach auch im Kopf von B. – Aber vielleicht ist es auch nur die halbe Wolke?

Das Modell krankt vor allem an zweierlei:

- Sinn wird überhaupt nicht transportiert. A produziert nur Laute oder Schriftzeichen. Wie kommt also der Sinn von A zu B?
- Wie wäre festzustellen, was im Kopf von A ist oder war und was dann im Kopf von B ist? Und wie könnte man feststellen, dass beides (ungefähr) gleich ist?

Eine Besonderheit ist die Idee, es könnte eine Störung der Übermittlung auftreten, die sich auf die Nachricht auswirkt. Aber dass etwas leicht Anderes beim Empfänger ankommen kann, das ist der Normalfall in menschlicher Kommunikation.

Das Verstehensproblem ist das Grundproblem der Kommunikation. Das Transportmodell stellt menschliche Kommunikation nicht adäquat dar.

Nach dem Prinzip der Autopoiese wird der Verstehende irgendwie den Sinn erzeugen und der Sprechende muss davon ausgehen, dass dem Verstehenden dies gelingt.

Der Verstehende deutet, er erschließt den Sinn. Dazu muss er aus den geäußerten Zeichen seine Schlüsse ziehen, um zu verstehen. Das klingt allerdings etwas zu aktivistisch, denn so viel Arbeit haben wir damit nicht. Um die aktivistischen Anklänge zu vermeiden, verwenden wir für diesen Vorgang die Kunstwörter *inferieren* und *Inferenz*.

Selbstverständlich inferiert der Verstehende nicht im luftleeren Raum. Er tut dies auf der Basis seiner eigenen Sprachkompetenz, seiner aktuellen Wahrnehmung, seines aktivierten Wissens und des Kontexts. All dies wird sozusagen mit verrechnet. Und nur wenn das Resultat, das Verstehen, in diesen Zusammenhang passt, wird der Verstehende sich zufrieden geben.

Ein anderes Modell bringt auch das Worüber ins Spiel. Es stellt das Zeichen und seine Aspekte in den Mittelpunkt.

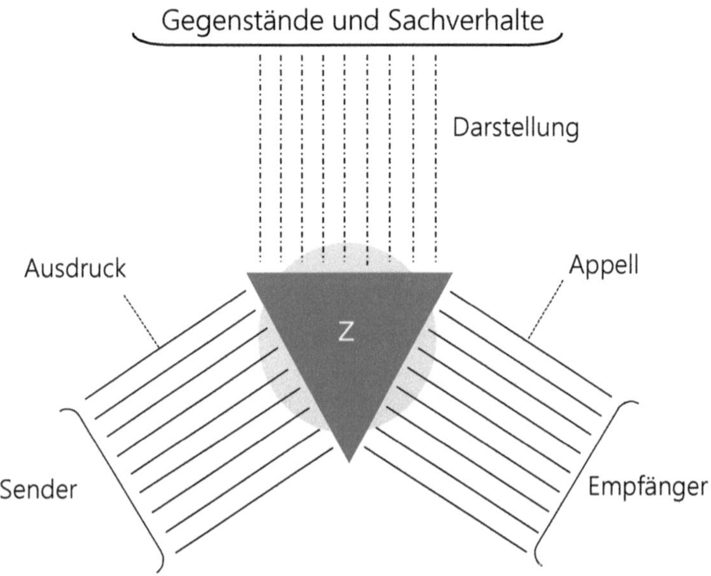

Das Modell geht zurück auf den Sprachpsychologen Karl Bühler. Der Kreis in der Mitte symbolisiert das konkrete Schallphänomen, das Dreieck Z das Zeichen. Es umschließt in einer Hinsicht weniger als der Kreis, greift aber auch über den Kreis hinaus, um anzudeuten, dass das sinnlich Gegebene stets typisiert wird. Die Linienscharen symbolisieren die semantischen Funktionen des Sprachzeichens. Es ist:

- Symbol kraft seiner Zuordnung zu Gegenständen und Sachverhalten,
- Anzeichen kraft seiner Abhängigkeit vom Sender, dessen Innerlichkeit es ausdrückt,
- Signal kraft seines Appells an den Hörer.

Innovativ ist die Betonung der Ausdrucksfunktion und der Appellfunktion. Die Ausdrucksfunktion umfasst auch Stimme und Gestik-Mimik.

3. Was wird gesagt und was zeigt sich?

„Sprich, dass ich dich sehe!" ist eine Weisheit der Antike. Wer spricht, zeigt sich. Sie zeigt nicht nur, wie sie spricht, sondern zeigt auch, wer sie ist. Auch als Rezipienten sind wir mit im Spiel: Wir können es hinnehmen oder thematisieren und wir thematisieren es auch.

Sprachphilosophisch wird unterschieden zwischen dem, was gesagt wird und wie es gesagt wird. Das Wie hat vor allem mit der Haltung des Sprechers zu tun. Weiter ist wichtig, was gesagt wird und was gezeigt wird oder sich zeigt. Und beim Gezeigten, ob der Sprecher es bewusst zeigt – und damit irgendwie auch kommunizieren will – oder ob es unbewusst bleibt und nur wir es ausdeuten. So wird an unserer Stimme ungewollt deutlich, dass wir Frau oder Mann sind, aus welcher Gegend wir kommen. Das sind Phänomene, die nicht kommuniziert werden. Wir erschließen sie, wie wir aus Gestik und Mimik auf die Person schließen. Bei solch gewagten Schlüssen muss es nicht bleiben: Wir können verlässlich auf die Person schließen aus dem, was jemand sagt, was er damit offenbart.

Sprecher stellen sich immer auch selbst dar und sie offenbaren etwas von sich selbst.

Im Anschluss an die Ausdrucksfunktion kann man verschiedene Stile kommunizierender Personen konzipieren: Welche Rolle will jemand in einer bestimmten Kommunikation spielen?

Der Psychologe Schulz von Thun hatte die Idee, man könne alles, was gesagt wird – er nennt es die Nachricht – unter vier Aspekten betrachten. Selbst wenn der engere Bezug zum Sprachlichen hier unklar bleibt und die Rede vom Sachinhalt etwas unglücklich, bietet diese Betrachtungsweise gute Einblicke in Kommunikation.

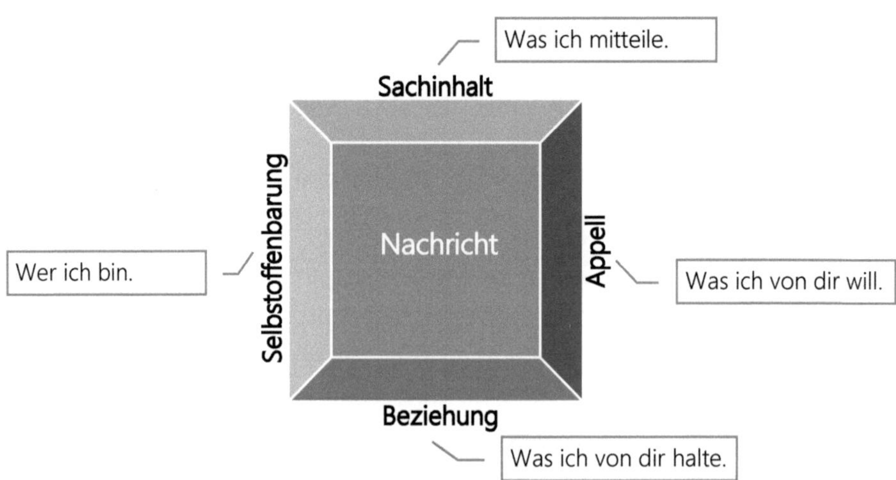

Stilisierung muss nicht bewusst sein. Dennoch wird sie Teil der Person. Natürlich darf jeder sich selbst stilisieren: Sei es als Held oder weibliches Opfer oder . . . So sehen wir, wer er ist. Mit der kommunikativen Auffassung der Stilisierung tritt allerdings auch der Adressat, der Hörer und die Leserin ins Spiel. Die Stilisierung gelingt nur und nur so weit, wie wir mitspielen. Stil wird mit dem Sinn gemeinsam von den Kommunikationsteilnehmern geschaffen und in jeder Phase up to date gehalten.

Schulz von Thun unterscheidet generell verschiedene Kommunikationsstile, die mit dem Modell ausbuchstabiert werden. Welcher Stil jeweils zum Tragen kommt, ist abhängig von der Person, von der jeweiligen Situation, von der Vorgeschichte der Beziehung und natürlich vom kommunikativen Ziel.
Als Beispiel hier der bestimmende-kontrollierende Stil. Es sage jemand sozusagen auf der sachlichen Ebene in einem eher neutralen Aussagesatz:

Du stehst mir hier oft im Weg.

Auf den drei anderen Facetten des Modells kann man dabei Folgendes mithören.

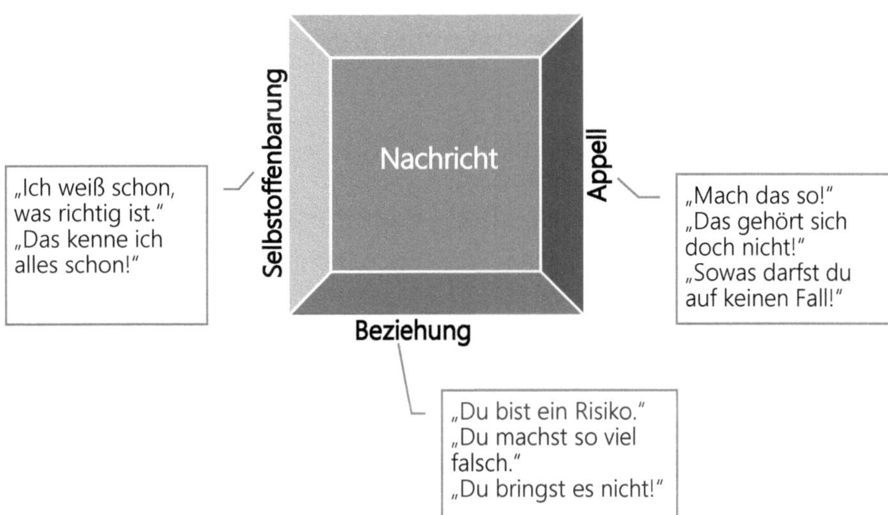

Unter dem Einfluss dieses Stils trachten wir danach, Dinge – und ebenso die Mitmenschen! – so zu lenken und zu korrigieren, dass sie unter unserer Kontrolle bleiben. Die Überzeugung, besser als andere zu wissen, was richtig ist, kann sich von alltäglichen Verrichtungen bis zu grundlegenden Fragen der Lebensmoral erstrecken. Typisch für den bestimmend-kontrollierenden Stil sind etwa Sätze wie „Beim Essen wird nicht geraucht!“, hinter denen oft ein normativ zur Regel erklärter persönlicher Wunsch steht („Es stört mich, wenn du jetzt rauchst.“). Der Sachinhalt bleibt hier ausgespart – schockierend für manch einen.

Die Rolle dessen, der mehr weiß, fällt uns allen leicht. Das hat kommunikativ strukturelle Gründe: Immer und überall davon auszugehen, dass unser Partner mehr weiß, wäre unerträglich. Wenn wir nach äußeren Kriterien und streng logisch vorgehen, erkennen wir, warum ich immer mehr weiß als du. Denn wenn ich sage: Du weißt X, dann sage ich ja immer auch: Ich weiß X. So kommst du nie über mich hinaus. Darum müssen wir lernen, aus der Rolle zu fallen.

Im Übrigen, Stile kann man inflationär erfinden. Versuchen Sie sich mal mit dem Weichei-Stil.

4. Was leitet unsere Kommunikation?

Menschliche Kommunikation ist geprägt durch ein Minimax-Prinzip: Möglichst großer Effekt mit möglichst geringen Mitteln. Machen wir mehr Worte, als zu erwarten ist, oder drücken wir uns komplizierter aus, wird unsere Äußerung anders gedeutet. Der englische Philosoph H. P. Grice hat im Jahr 1967 Grundprinzipien der Kommunikation formuliert. Es sind Prinzipien, an die jeder sich hält, der kommuniziert. Die Maximen haben uns das Funktionieren menschlicher Kommunikation besser verstehen lassen. Es ist erstaunlich, dass man nicht früher drauf gekommen ist. Das Selbstverständliche liegt zu offen vor Augen.
Grice geht davon aus, dass menschliche Kommunikation ein vernünftiges und kooperatives Unternehmen ist, wenngleich er zugesteht, dass es andere Formen der Kommunikation geben mag. Dies sind seine Prinzipien in Kurzform:

1. Maxime der Quantität
- Mache deinen Beitrag so informativ, wie es für den anerkannten Zweck des Gesprächs nötig ist.
- Mache deinen Beitrag nicht informativer, als es für den anerkannten Zweck des Gesprächs nötig ist.

2. Maxime der Qualität
- Sag nichts, was du für falsch hältst.
- Sage nichts, wofür du keine Evidenz hast.

3. Maxime der Relevanz
- Sage nichts, was nicht zum Thema gehört.

4. Maxime der Art und Weise
- Vermeide Unklarheit.
- Vermeide Mehrdeutigkeit.
- Vermeide unnötige Weitschweifigkeit.
- Vermeide Ungeordnetheit.

In der Regel kann ich mich darauf verlassen, dass, was ich sage, entsprechend verstanden wird, und ich tue es auch. Das heißt nicht, dass wir damit besondere Anstrengungen machen, damit besondere Mühe hätten. All das ist zur Routine geworden.
Dem ersten Prinzip folgen wir im Verstehen ohne Überlegung. Wenn jemand sagt: „Einige Parlamentarier waren abwesend", so nehmen wir an, er habe die stärkste Version gewählt und wisse nicht, dass es alle waren. Er wäre sonst nicht aufrichtig. Wenn jemand mehr zu sagen scheint, als er muss, dann fangen wir an, zusätzliche Annahmen zu machen. Wir denken dann, er wolle höflich sein, sie gehe davon aus, sie müsse es mir genauer erklären, er übertreibe mit *alle*, sei ein Schwätzer und so weiter.

- Wenn Sie sagen „Als ich nach Hause kam, lag ein Mann in meinem Bett", dann haben Sie auch gesagt, dass es nicht der ihre war.
- Wenn Sie sagen „Wir haben drei Kinder", dann haben Sie auch gesagt, dass Sie nicht vier oder mehr haben.
- Wenn Sie sagen „Die meisten sind früh nach Hause gegangen", dann haben Sie auch gesagt, dass nicht alle gegangen sind.
- Wenn Sie sagen „Nicht alle Freunde sind zur Party gekommen", dann sagen Sie, dass Freunde gekommen sind.
- Wenn Sie sagen „Zuerst kamen die Frauen dran", dann sagen Sie, dass nicht die Männer und Kinder zuerst drangekommen sind.
- Wenn Sie sagen „Es erschienen drei Menschen", dann sagen Sie, dass keine Götter darunter waren, und Sie sagen nicht, dass keine Frauen dabei waren.
- Wenn Sie sagen „Wir haben lange in Rom gelebt", dann sagen Sie, dass Sie zur Zeit nicht in Rom leben.

- Wenn Sie sagen „Mann ist Mann", dann wird das nicht als nicht-sagenswerte Trivialität verstanden. Wir verstehen auf Basis eines Stereotyps: Die sind doch alle so oder ähnlich.
- Wenn der Polizist sagt „Gesetz ist Gesetz", dann sollten Sie das nicht als trivial verstehen. Sie verstehen: Er wird kein Auge zudrücken.
- Ja, und wer sagt „Besser ist besser", der dürfte seiner Vorsicht Ausdruck verleihen.
- Wenn Sie sagen „Ja und nein", dann wird das nicht als paradox und widersprüchlich verstanden. Wir suchen nach einer differenzierenden Deutung: Es gibt zwei Aspekte, zwei Betrachtungsweisen.

Das hier ist schon rätselhafter.

> Leer sein aller Kreaturen ist Gottes voll sein, und voll sein aller Kreaturen ist Gottes leer sein. (Meister Eckhart)

Im Sinne einer kommunikativen Hygiene oder auch zum besseren Verständnis sollten wir uns deshalb schon mal fragen:

- ▶ Warum sagst du das?
- ▶ Warum sagst du das so?

Man könnte auch denken, dass Grice sich in der Formulierung seiner Maximen nicht ganz an #4 gehalten hat. Das war aber wohl aus didaktischen Gründen gerechtfertigt. Später wurden darum auch viel kürzere Versionen vorgeschlagen, in denen allerdings so viel steckt, dass man sie wieder explizieren muss.

- ▶ Sag so wenig wie möglich, um deine kommunikativen Ziele zu erreichen.

Oder ganz knackig:

- ▶ Sag, so viel du kannst.
- ▶ Sag, nur so viel du musst.

5. Gibt es eine kommunikative Moral?

Schon die allgemeine Moral verbietet das Lügen. Sie verlangt jedoch selbst nach einer Begründung. Die kommunikative Moral ist hingegen in der Kommunikation selbst begründet. Wer sich nicht an sie hält, zerstört den Sinn der Kommunikation – zumindest in the long run. Was wäre, wenn alle ständig lügen würden?

Im Prinzip verlangt die kommunikative Moral, dass man sich an die Prinzipien der Kommunikation hält. Wenn man etwa zu viel sagt, wird ein Partner das für sich korrigieren. Aber er wird seine Schlüsse ziehen, etwa dass es umständlich war oder dass ihm unterstellt wurde, er wisse das nicht. Und so weiter. All dies wird zu Fehlverstehen oder zumindest zu holpriger Kommunikation führen.

Wenn man mehr sagt, als man weiß, könnte es vielleicht unbemerkt bleiben. Aber man bewegt sich am Rande der Täuschung, gerät in Konflikt mit der Lügenmaxime.

Wenn man weniger sagt, als zu sagen ist, verschweigt man etwas Relevantes.

Im Übrigen steckt im „Sag, was du weißt!" auch die Forderung nach Wahrhaftigkeit. Denn alles, was ich weiß, ist wahr.

Genau das ist auch der Sinn der sog. Wahrheitsmaxime. Also nicht, dass jemand, der lügt, Unwahres sagt. Wer weiß schon, was wahr ist. Es kommt darauf an, was er für wahr hält.

Kant scheint jedenfalls ganz rigide in Bezug auf das, was man sagen muss. Er konstruiert den folgenden Fall:

> Gesetzt jemand fragt sie nach dem Aufenthaltsort eines Menschen. Sie kennen seine Adresse, Sie wissen aber, dass der Fragende ihn ermorden will. Müssen Sie den Ort entdecken?
> Kant sagt, ja Sie müssen.

Das ist verblüffend und kategorisch. Es ist so verblüffend, dass sich darüber nachzudenken lohnt.

Also, bedenken Sie, wissen Sie, was wirklich passieren wird?

Einmal ist da die Tatsache, dass die Zukunft unsicher ist, noch unsicherer als die Vergangenheit. Woher nehme ich die Gewissheit, dass der Mordbube zuschlagen wird? Ich weiß es nicht. Dann ist die moralische Frage: Trage ich Verantwortung für den potentiellen Mord. Moralisch ist jeder für sich selbst verantwortlich, auch der Mörder.
Auf die Sprache bezogen der Altmeister der Sprachkritik Karl Kraus:

> Alle Vorzüge einer Sprache wurzeln in der Moral. Sie wird deutlich, wenn der Sprecher wahrhaftig sein will.

Auch Journalisten müssen sich der kommunikativen Moral stellen, selbst wenn sie nur Agenturmeldungen wiedergeben. Erst recht aber in Wiedergaben oder gar die heiligen Anführungszeichen setzen in nächtliche (natürlich nicht abgehörte) Telefongespräche von Politikern.
Das Bundesverfassungsgericht seinerzeit: Wer zitiere, dürfe seine Kritik nicht in das Zitat derart einfließen lassen, dass es den Inhalt des Gesagten entstellt wiedergebe und zu seiner Aussage werde. Ob ein Zitat richtig sei, könne anhand objektiver Maßstäbe überprüft werden. Der Zitierte habe ein Recht auf Feststellung, ob er eine ihm unterschobene Äußerung getan habe oder nicht.
Aber: In einem Zitat zwischen Anführungszeichen darf man überhaupt nichts einfließen lassen!

Tatsächlich wird häufig „sinngemäß" zitiert, was ja im strengen Verstand nicht so leicht sein dürfte.

> Auf die Nachfrage, ob der Ausdruck tatsächlich gefallen sei, antwortete er sinngemäß: „Ja, da stehe ich, ich kann nicht anders!" Oder so ähnlich.

Etwas schärfer hier:

> Bill Clinton rief mich an am nächsten Tag an und sagte:
> „Du hast einen bei mir gut."

Journalisten haben abgehört und Clinton sprach Deutsch?

6. Wie funktioniert eine kommunikative Handlung?

Sprachliche Handlungen sind – wie wohl alle menschlichen Handlungen – komplex und innerlich strukturiert. Die Basis bildet eine sprachliche Äußerung: Eine Kette von geäußerten Lauten im Mündlichen und eine Kette von Buchstaben im Schriftlichen. Aber Sprecher und Schreiber wollen natürlich mehr. Sie wollen zum Beispiel etwas behaupten, indem sie einen Satz äußern. Und sie wollen zum Beispiel jemanden überzeugen, indem sie etwas behaupten.
Menschliche Handlungen sind im Gegensatz zu Ereignissen und Prozessen mit Zielen verbunden. Menschen verfolgen Absichten, auch wenn sie oft nicht realisiert werden oder etwas Anderes rauskommt in der Handlung.

Eine Äußerung erzeugt nun leider nicht einsträngig eine bestimmte Handlung. Es wird eher ein Fächer geöffnet für seine Deutung. Zum Beispiel eine Äußerung wie

Ich komme morgen.

Vordergründig ist dies eine Behauptung. Zusätzlich könnte es eine Ankündigung sein oder es könnte ein Versprechen sein oder auch eine Drohung. Damit erschöpfen sich die Deutungen nicht. Gedeutet wird ja stets in einem Zusammenhang. Wäre etwa eine Partnerfrage „Wann kommst du?" oder „Kommst du morgen?" vorangegangen, dann wäre es eine Antwort oder eine bejahende Antwort. Ja, es könnte sogar ein Bestreiten sein, wenn vorangegangen wäre „Du kommst morgen nicht."

Der Fächer ist generell nicht abgeschlossen, er wird aber in der Kommunikation in der Regel vom Partner zugemacht.
Wie auch eine bestimmte Handlung wie fragen etwa innerlich weiter differenziert werden kann, soll kurz gezeigt werden an einzelnen Fragetypen.

Entscheidungsfrage *Kommt sie mit?*	B soll entscheiden, ob er das Vorgeschlagene für wahr hält.
Alternativfrage *Ist es gut oder nicht?*	B soll entscheiden, welche von (zwei) Alternativen sie für wahr hält.
Ergänzungsfrage *Wo liegt das Geld?*	Die w-Stelle einer offenen Proposition soll von B gefüllt werden.
Bestätigungsfrage *Stimmt das nicht?*	B möge etwas Vorgeschlagenem zustimmen.
Prüffrage *Wo liegt Holland?*	B soll zeigen, dass sie die Frage beantworten kann.
Suggestivfrage *Du machst das doch?*	B soll dem Insinuierten zustimmen.
Rhetorische Frage *Wär das nicht besser?*	B soll dem A beipflichten zu etwas als evident wahr Vorgeschlagenem.

Sprachliche Handlungen können wir verschiedenen Typen zuordnen.

- In Sprechakten wie *behaupten, mitteilen, feststellen, informieren, beschreiben* teilt der Sprecher dem Hörer mit, dass etwas der Fall ist, dass er etwas für wahr hält.
- In Sprechakten wie *befehlen, bitten, fragen, verbieten, erlauben, raten* versucht der Sprecher, den Hörer dazu zu bringen, etwas Bestimmtes zu tun. Es wird ein Wunsch ausgedrückt.
- In Sprechakten wie *kapitulieren, ernennen, definieren, missbilligen, kündigen* schafft der Sprecher durch seine Worte einen Sachverhalt. Das ist meist an Institutionen gebunden (z. B. Gericht, Kirche, Regierung).
- In Sprechakten wie *danken, bedauern, gratulieren, klagen, sich entschuldigen* gibt der Sprecher seiner Haltung oder seinem Gefühl bezüglich eines Sachverhalts Ausdruck.
- In Sprechakten wie *versprechen, geloben, ankündigen, schwören, drohen* verpflichtet sich der Sprecher selbst zu einer künftigen Handlung.

7. WWW: Wie wirkt Wissen in der Kommunikation?

In menschlicher Kommunikation ist das A und O das Verstehen. Der Sinn einer Äußerung von A ist nicht irgendwie vorgegeben: Er entsteht im Kopf von B. Aber wie funktioniert diese Autopoiese des Sinns? Sie basiert und greift zu auf unser Wissen. Darum bildet die Erforschung und Behandlung des Wissens die unerlässliche Basis einer kommunikativen Theorie. Was also muss ein Sprecher wissen, um Sprachliches angemessen zu verwenden und zu verstehen?

Wissen wird unterschiedlich strukturiert. Wir unterscheiden verschiedene Arten nach dem, was gewusst wird.

Gemeinhin wird hier unterschieden zwischen Faktenwissen oder Sachwissen, auch enzyklopädisches Wissen genannt, und dem sprachlichen Wissen.

Sachwissen ist Wissen über die Welt. Also eine sprachunabhängige Welt? So weit sollten wir nicht gehen. Manchmal wird das Sachwissen weiter aufgedröselt. So kann für Biertrinker Bierwissen wichtig werden, für Linguisten linguistisches Wissen. Das ist aber für eine strukturelle kommunikative Betrachtung irrelevant und würde absolut inflationär.

Die Unterscheidung zwischen dem sogenannten sprachlichen Wissen und dem enzyklopädischen Wissen, ist im Grunde nicht gelungen. Die Grenze zwischen Sprachwissen und Sachwissen muss nicht gezogen werden.

Es ist allerdings zu beachten: Weder kollektives noch individuelles Wissen sind homogen. Einmal wissen verschiedene Sprecher Unterschiedliches und unterschiedlich viel. Dann gibt es sozusagen eine Art Alltagswissen, einen Common Ground, den alle Sprecher weitgehend teilen sollten, und ein Expertenwissen. Beide sind nicht unbedingt verträglich, beide nicht innerlich homogen. Sprechergruppen mögen unverträgliches, widersprüchliches Wissen haben – und erst recht Experten.

Auch semantisches Wissen ist Wissen über die Welt.

Leichter haben wir es mit einer Differenzierung des Sprachwissens. Man macht es einfach:
1. Nach linguistischen Disziplinen.

Phonologisches Wissen	**Syntaktisches Wissen**	**Semantisches Wissen**	**Textuelles Wissen**

2. Wissen nach dem, wie es erworben oder gespeichert wird. Hier sind besonders drei Aspekte wichtig und entsprechend zu unterscheiden.

Stehendes Wissen	**Episodisches Wissen**	**Laufwissen**
Wird durch Lernen und vom Hörensagen erworben. Das stehende Wissen ist gottseidank nicht abgeschlossen.	Gehört wohl zum stehenden Wissen, wird aber anders erworben. Es geht um eigenes Erleben, vor allem Erlebnisse mit bestimmten Partnern.	Nährt sich aus der Kommunikationssituation, steht aufgewärmt parat und wird ständig upgedatet. Was eben noch links war, kann durch Körperdrehung rechts sein.

Wesentlich für das Gelingen von Kommunikation ist, dass der Partner versteht, was ihm gesagt wird, dass er den Sinn des Gesagten erfasst. Darauf stellt sich ein Sprecher ein: Er antizipiert, was der Partner wissen müsste, um ihn zu verstehen. Beim kommunikativ relevanten Wissen geht es um gemeinsames oder reziprokes Wissen. Zur kommunikativen Ausstattung des Menschen gehört, dass er sich in der Kommunikation stets in den Partner versetzt. Kinder brauchen im Spracherwerb eine Zeit, bis sie das beherrschen. Das reziproke Wissen ist die Basis menschlicher Sozialität und entscheidend für das Funktionieren der Kommunikation. Das hat auch mit den modernen Spiegelneuronen zu tun.
Den Aufbau und die Funktion des gemeinsamen Wissens exemplifiziere ich an einer erfundenen Kommunikation.

Es sage die Frau zu ihrem Ehemann: Du hast die Badewanne geputzt.

A1: Die Frau geht davon aus, dass das schlecht ist, weil ihr Mann ein zu scharfes Reinigungsmittel verwendet.	B1: Der Mann geht davon aus, dass er sich gut verhalten hat, indem er sich beteiligt.

Nach dem gängigen Mann–Frau–Stereotyp werden Sie annehmen, die Äußerung sei ein Lob. Der Mann vielleicht auch. Die Frau meint es aber als Tadel, aktiviert ein spezifisches Wissen. Ein glattes Missverständnis.

Nun aber ändern wir den Zustand des Gemeinsamen Wissens und heraus kommt etwas anderes. Hier die zweite Version mit anderen Wissensvoraussetzungen.

Es sage die Frau zu ihrem Ehemann: Du hast die Badewanne geputzt.

A1: Die Frau weiß, dass ihr Mann sich bei der Hausarbeit beteiligen will und dass er nicht weiß, dass er ein zu scharfes Reinigungsmittel verwendet.	B1: Der Mann geht davon aus, dass er sich gut verhalten hat, indem er sich beteiligt.

Hier werden zwar beide das als Lob verstehen, aber doch ein bisschen unterschiedlich. Die Frau lobt seine gute Absicht, er aber sieht seine Handlung gelobt – und wird es wieder tun.

Es sage die Frau zu ihrem Ehemann: Du hast die Badewanne geputzt.

A1: Die Frau weiß, dass ihr Mann sich bei der Hausarbeit beteiligen will und dass er nicht weiß, dass er ein zu scharfes Reinigungsmittel verwendet.	B1: Der Mann weiß, dass er normal ein zu scharfes Reinigungsmittel verwendet, hat aber ein sanfteres verwendet. Er weiß aber auch, dass A1.

Letztlich wäre das Problem nicht ausgeräumt.

Hier beziehen die Partner in der Produktion und im Verstehen das angesetzte Wissen des Partners ein. Der Mann wird sich wohl auf jeden Fall nicht verstanden fühlen. Die Frau lobt ihn vielleicht kontraproduktiv.

So ist das reziproke Wissen gestuft. Es gibt auf jeder Turmstufe Alternativen, die für die Lösung entscheidend werden. Vom Knobeln kennen wir das gut, weil wir es bewusst berücksichtigen.
In normaler Kommunikation gehen wir meist einfach von einem Common Ground aus, der allen gemeinsam sei, in der Partnerschaft aber wissen wir doch mehr voneinander.

Man kann aus dieser Geschichte viele machen, die sich gravierend unterscheiden rein auf der Basis des Gemeinsamen Wissens. Insofern zeigt sie uns, wie das Verständnis gesteuert ist und dass Text oder Äußerung bei weitem nicht alles ist. Die Hauptsache spielt sich in den Köpfen ab.
Wichtig: Das Wissen Dritter oder sog. objektives Wissen spielt in der Kommunikation keine Rolle. Das Verstehen ist nur so weit möglich, wie das einschlägige reziproke Wissen der Partner reicht. In der Kommunikation zählt nur das Wissen der Beteiligten. Sonst könnten sie sich nicht verstehen.

8. Was ist Sprache?

Die Frage scheint eher ungewöhnlich. Schließlich wissen wir doch alle, was Sprache ist. Wir alle können und kennen eine oder mehrere Sprachen. Von Sprache wird jedoch in vielerlei Zusammenhängen gesprochen. Die Sprache der Blumen, die Sprache der Tiere, die Sprache der Liebe. Es gilt hier, einen Kern herauszudestillieren, von dem aus die übrigen Verwendungen als übertragen zu sehen sind. Den Kern schält die Linguistik heraus, die sich mit der menschlichen Sprache befasst.
Dazu einige Definitionen:

- Die Gesamtheit der Sätze ist die Sprache.
- Die Gesamtheit der Äußerungen, die in einer Sprachgemeinschaft gemacht werden können, ist die Sprache dieser Sprachgemeinschaft.
- Sprachen sind Symbolsysteme, die fast ganz auf reiner oder willkürlicher Konvention beruhen.
- Sprache ist die Institution, mit deren Hilfe Menschen miteinander kommunizieren und unter Verwendung gewohnheitsmäßig benutzter, oral-auditiver, willkürlicher Symbole interagieren.
- Sprache ist eine rein menschliche und nicht-instinktive Methode, Gedanken, Emotionen und Wünsche durch ein System von konventionellen Symbolen zu kommunizieren.

Die verwendeten Symbole sind Zeichen einer besonderen Art.

Als System zeigt sich Sprache in der systematischen Beschreibung. Nach dem Urvater der Linguistik Ferdinand de Saussure ist zu unterscheiden:

- Die Parole ist der persönliche Gebrauch durch die Sprachteilhaber. Es sind die konkreten Äußerungen.
- Die Langue ist die Sprache als Institution, die in Tradition und Kommunikation entstanden ist und dem Einfluss des Individuums entzogen. Es ist das zugrunde liegende System.

Wichtig:

- Sprache existiert nicht ohne Sprecher und nicht außerhalb der Sprecher; sie ist nur von Sprechers Gnaden.
- Alles in der Sprache ist historisch, auf Tradition gebaut und ständig im Wandel. Ein Produkt kultureller Evolution.
- Eine Sprache ist kein homogenes Gebilde. Sie ist zwar ein Maßstab für die Sprecher, aber durchaus kein starrer oder sicherer Maßstab.

Klare Grenzen in einer Sprache gibt es nicht. Räumlich gibt es Übergänge und zeitlich gibt es den Wandel. Und im Rahmen einer Sprache gibt es viele Varietäten, die wir zum Beispiel als Dialekte fassen. Im Deutschen etwa das wenig geliebte Sächsische und das Bairische, das Pfälzische und das Ruhrdeutsch. Aber auch die Dialekte haben keine klaren Grenzen. Alles ist im Fluss.

Das sprechende Individuum hat keine Möglichkeit (und kein Interesse daran), die Sprache zu ändern. Es ist ihr unterworfen. Ja, die ganze Sprachgemeinschaft kann willentlich nichts ändern (weil sie sich nicht koordinieren kann zum Beispiel).

Die Sprache führt ein Eigenleben, losgelöst von der Natur.

Sprache ist in diesem Sinn offen, und nur diese Offenheit macht ihre Genese und den Wandel möglich.

Sprache ist die Grundlage menschlicher Kommunikation. Die Fähigkeit, Sprache gemeinsam zu entwickeln und zu lernen gehört zur Natur, zur Grundausstattung des Menschen, sie ist sein Definiens. Von alters her definiert man den Menschen als animale loquens, das sprechende Tier.

9. Welche Eigenschaften zeichnen menschliche Sprachen aus?

Universal kommen allen menschlichen Sprachen Eigenschaften zu, die sie von anderen Kommunikationssystemen unterscheiden.

Vokalität
Menschliche Sprache ist primär Lautsprache. Ein Sprecher produziert mit den Sprechorganen Laute, die auf akustischem Weg zum Hörer gelangen und mit dem Gehör aufgenommen werden.

Stereophonie
Die Lautäußerungen breiten sich als Schallwellen im gesamten Schallraum aus. Der Hörer kann stereophon hören und die Quelle identifizieren.

Ephemerität
Lautäußerungen sind vergänglich. Sie schwinden sofort. Darum kann auch sogleich eine weitere folgen.

Spezialisierung
Der Mensch besitzt spezialisierte Sprachorgane: Kehlkopf, Lippen, Zunge sind adaptiert für diesen Zweck. Im Gehirn entstand ein spezifisches Sprachzentrum.

Verfügbarkeit
Die Produktion sprachlicher Zeichen ist dem menschlichen Willen unterworfen. Sie können willentlich und mit Absicht erzeugt werden.

Diskretheit
Das Kontinuum lautlicher Äußerungen wird von den Sprachteilhabern segmentiert in Phoneme. Sie erkennen bedeutungsrelevante Segmente nach mentalen Mustern.

Erwerb
Sprache ist dem Menschen nicht angeboren.
Angeboren ist nur die Fähigkeit, jede beliebige
Sprache zu erwerben.

Konventionalität
Die Sprache wird in kultureller Tradition von Generation zu Generation weitergegeben. Die Sprecher stützen sich hierbei auf Präzedenz und Konvention.

Symbolizität
Menschliche Sprachen basieren auf Zeichen und dem Gebrauch von Zeichen. Der Hörer erschließt den Sinn durch symbolische Inferenz.

Arbitrarität
Sprachliche Zeichen sind nicht naturgegeben oder universal. Etwas kann in verschiedenen Sprachen unterschiedlich gefasst und benannt werden. Die Loslösung des Zeichens vom Bezeichneten ermöglicht die Vielfalt der Sprachen.

Komplexität
Eine Sprache ist in mehreren Ebenen strukturiert: Phonologisch, lexikalisch und syntaktisch. Auf allen Ebenen herrscht das Prinzip: Unendlicher Gebrauch von endlichen Mitteln.

Monitoring
Ein Sprecher hört sich selbst sprechen. Er hat so die Möglichkeit, ständig zu kontrollieren, was er gesagt hat, gegebenenfalls auch zu korrigieren.

Rollenwechsel
Zur menschlichen Kommunikation gehören mindestens zwei, je ein Sprecher und je ein Hörer. Jeder Sprachteilhaber kann wechselnd beide Rollen einnehmen. Seine Sprachkompetenz besteht in Sprechen und Verstehen.

Produktivität

Menschliche Sprachen sind produktiv und kreativ. Wir können in der Sprache alles Mögliche sagen und Neues, vorher nie Gesagtes sagen und verstehen. Das ermöglicht den Sprachwandel.

Situationsentbunden

Sprecher können über Dinge reden, die in der Situation nicht zugegen sind. Und sie können über vergangene und künftige Zeiten reden.

Reflexivität

Sprache ist reflexiv. Das heißt, mit Sprache kann über Sprache geredet werden. So können Formulierungen, ja die Sprache selbst thematisiert und diskutiert werden.

10. Wieso sind menschliche Sprachen so effektiv?

Eine Sprache ist eine Fiktion, die wir brauchen, damit wir glauben zu verstehen und verstanden zu werden.
Die Fiktion manifestiert sich in den Handlungen, die wir verstehen. Wir fingieren sie aus Manifestationen, in denen wir verstanden wurden oder den Eindruck hatten, dass die Kommunikation geklappt hat. In analoger Situation werden wir deshalb analog handeln. So ist die Analogie die Basis einer gewissen Gleichförmigkeit. Die Kumulation von Analogien ergibt eine Art sprachlicher Regel.
Die Fiktionen der Sprecher sind nicht identisch und können es nach ihrer Genese nicht sein. Bestenfalls sind sie genügend ähnlich, dass wir uns verstehen und dass es darum keinen Anlass gibt zu zweifeln an der Ähnlichkeit der Fiktionen.
Mit den individuellen Fiktionen und der Fiktion einer Sprache verhält es sich wie mit Wittgensteins Käfer in der Schachtel. Wir kennen die Regeln nicht, nach denen unser Partner handelt. Aber wir nehmen an, es seien die gleichen wie die unseren.
Das genügt.

Als Produkt der kommunikativen Evolution zeigen alle Sprachen eine ingeniöse Grundarchitektur: Es ist die doppelte Gliederung. Wie in vielen evolutionären Systemen gibt es in Sprachen zwei voneinander unabhängige Ebenen: die Lautebene und die Sinnebene.
Die Lautebene nährt sich aus einem kleinen Inventar von Phonemen, die nur differenzieren, selbst keine Bedeutung haben. Auf der Sinnebene haben wir es mit Ketten von Phonemen zu tun, die Bedeutung tragen.

Charakteristisch für menschliche Sprachen ist eine Hierarchie der Einheiten als Grundstruktur.

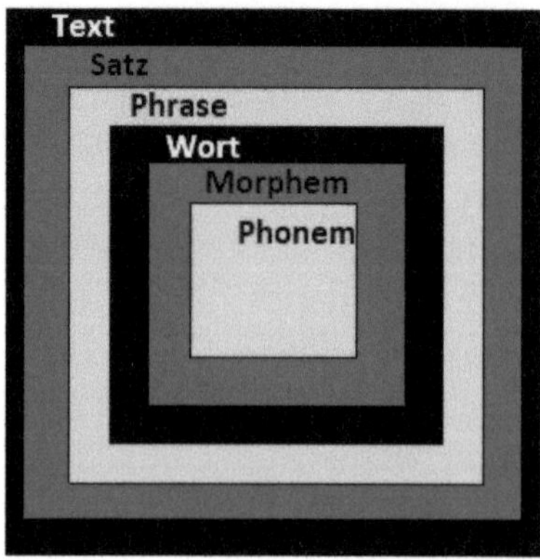

Der gestufte Aufbau hier im Überblick. Von unten nach oben zu lesen.

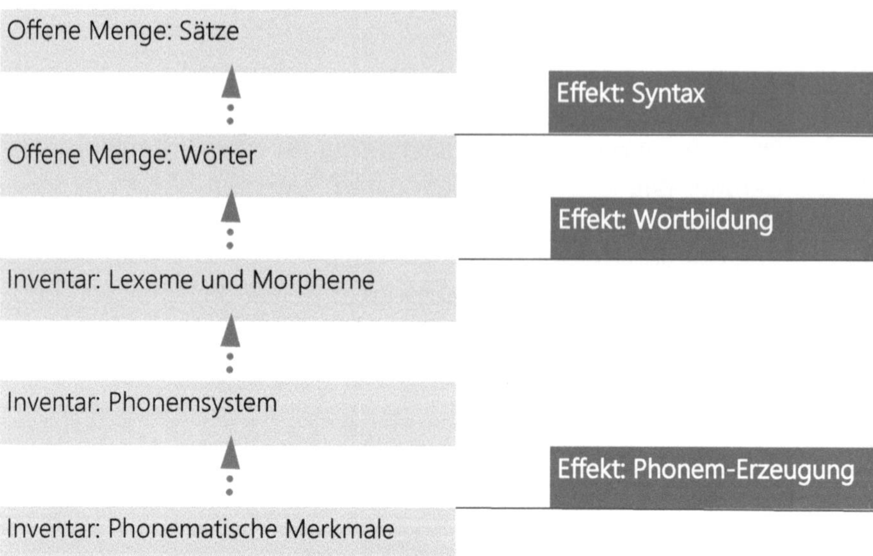

11. Wie systematisch, wie regulär sind Sprachen?

Auf der Lautebene haben Sprachen zwischen 30 und 50 Phoneme. Sie sind kombinierbar zu Morphemen oder Lexemen, haben aber keinen semantischen Wert. Sie dienen einzig und allein der Unterscheidung: *Matte, Ratte, Latte, hatte, satte* usw. haben semantisch nichts gemeinsam. Der jeweilige Anfangskonsonant dient der bloßen Unterscheidung.
Morpheme sind Phonemketten. Mit 40 Phonemen könnte man rein kombinatorisch 64.000 Morpheme der Länge 3 erzeugen und schon 102.400.000 der Länge 5. Bei der Länge 10 bewegen wir uns gar im Bereich von 10^{15}.
Alles kombinatorisch Mögliche kommt allerdings nicht vor. Ja, es kann nicht vorkommen, weil Sprache im Gebrauch entsteht und weil beispielsweise die artikulatorischen Möglichkeiten manche Folgen ausschließen, besonders aber auch weil wahllose Kombinatorik schwer wahrzunehmen und noch schwerer zu memorieren wäre. Darum haben sich für verschiedene Sprachen unterschiedliche Restriktionen der Kombinatorik entwickelt. Diese Restriktionen können weitgehend regulär gefasst werden. Und dennoch bleibt dieses System sehr reich.
Über der Lautebene liegt die Sinnebene, um weiter in dieser Metaphorik zu sprechen. Sie ist für kommunizierende Menschen das eigentlich Sprachliche. Darum werden Morpheme und Lexeme von uns für die auffälligsten sprachlichen Elemente gehalten.
Aber kommunizieren tun wir in Sätzen, und Sätze haben einen regelhaften Aufbau, eine innere Struktur. Die neueren Syntaxtheorien formulieren die Regeln sogar in präzisen formalen Sprachen. Auch dabei werden sozusagen zwei Ebenen unterschieden. Einerseits syntaktische Regularitäten, die allen menschlichen Sprachen gemeinsam, also universal sind. Andererseits sprachspezifische Regeln, die eine oder einige Sprachen bestimmen.

Wie aber steht es mit dem Lexikon, dem Wortschatz? Ist er auch regulär? Üblich ist die Ansicht: Grammatik ist das Reich des Regulären, Wortschatz das Reich des Idiosynkratischen. Ein Linguist hat einmal geschrieben: „Wortschatz ist Chaos". Das stimmt in gewissem Sinn. Aber auch hier gibt es Reguläres, wenn es auch nicht so leicht zu fassen ist.

Heutzutage können wir manch Reguläres verlässlich fassen. Zwar sehen die Ergebnisse der Erforschung großer Textkorpora nicht gerade klassisch aus, aber wir erkennen leicht plausible Strukturen. Hier schauen wir auf *systematisch*.

wurden [. . .] systematisch [. . .] erfasst
systematisch erfasst [und] ausgewertet
begann . . . systematisch . . . zu erforschen
die systematische [. . .] Erforschung der . . .
die erste [. . .] systematische [. . .] Untersuchung des . . .
systematische Analyse aller
die systematische [. . .] Ausbeutung der . . .
systematische [. . .] Ausgrenzung der . . .
die systematische [. . .] Ausrottung der . . .
eine systematische Entwicklung für . . .
Beginn der systematischen Suche
die . . . systematisch [. . .] gefälscht worden
die systematische [. . .] Erfassung [. . .] aller
die systematische Verfolgung und Vernichtung der Juden
erstmals [. . .] systematisch [. . .] untersucht
systematisch [. . .] erfasst und
um das systematische [. . .] Doping im DDR-Sport

Diese Methode zeigt aber auch deutlich, dass jede Regularität verfeinert werden kann. Wir landen im Problem der fraktalen Geometrie: Wie lang ist die Küste Englands?

Je feiner man misst, ums länger wird sie. Je genauer wir die Verwendung eines Wortes betrachten, umso nuancierter wird sie. Irgendwie ist sie systematisch. Aber am Ende auch nur mit dem Mikroskop zu entdecken?

12. Welche Zeichen deuten wir wie?

Vom Philosophen Georg Friedrich Hegel wissen wir: Das Zeichen an sich selbst hat keine Bedeutung.
Gedanken über Zeichen und ihre Bedeutungen machen sich die Menschen seit eh und je. Am Anfang steht die Definition des Zeichens als ein „etwas", das „für etwas anderes steht". Aber schon Augustinus modifiziert das: Zeichen sind wahrnehmbare Dinge, die für etwas anderes stehen, das wir nicht wahrnehmen können. Bleibt die Frage: Was ist das „andere"? Eine Antwort des Philosophen John Locke: Bedeutungen sind Ideen im Kopf.
In jedem Fall ist zu unterscheiden das jeweils konkret vorliegende Zeichen und das allgemeine mentale Muster, nach dem wir es zuordnen (token und type). Außerdem ist grob zu unterscheiden zwischen natürlichen Zeichen und konventionellen Zeichen. Bei natürlichen Zeichen ist das Bedeutete eine physikalische Folge, bei konventionellen Zeichen ist es historisch und sozial entstanden. Es kann sich wandeln.
Wir unterscheiden Typen von Zeichen danach, wie wir drauf kommen, was sie bedeuten. In der Deutung von Zeichen schließen wir unterschiedlich:

- Wenn wir vom Zeichen über eine natürliche oder physikalische Regularität auf das Bedeutete schließen, handelt es sich um ein Symptom oder Anzeichen.
- Wenn wir vom Zeichen über eine Ähnlichkeit auf das Bedeutete schließen, handelt es sich um ein Ikon.
- Wenn wir vom Zeichen über eine Konvention auf das Bedeutete schließen, handelt es sich um ein Symbol.

Sprachliche Zeichen sind Symbole besonderer Art. Sie sind phonologisch hoch strukturiert. Grundsätzlich akustisch basiert. Schriftliche Fixierungen sind Abbilder und sekundär.

Bei symbolischen Zeichen, zu denen die Sprachzeichen in aller Regel gehören, schließen wir aufgrund einer Konvention der Zeichenverwendung, die wir kennen, auf die vermutlich gemeinte Bedeutung.
Sprachliche Zeichen haben viele Vorteile gemäß den Eigenschaften menschlicher Sprachen.

Menschliche Sprache ist primär Lautsprache.

Vokalität

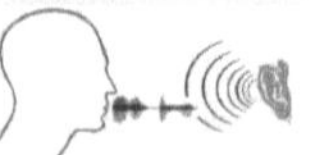

Die Lautäußerung ist vergänglich.

Ephemerität

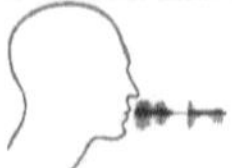

Der Mensch besitzt spezialisierte Organe für die Sprachproduktion.

Spezialisierung

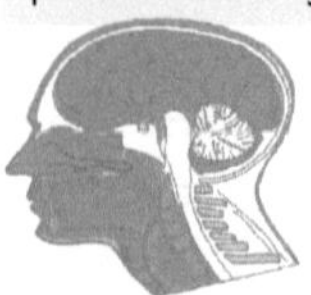

Das Kontinuum lautlicher Äußerungen wird segmentiert.

Diskretheit

Sprecher hören sich selbst, können sich ständig kontrollieren.

Monitoring

Lautäußerungen sind im gesamten Schallraum hörbar.

Stereophonie

Beispiele für Zeichen

Symptom: Rauch für Feuer, Flecken für Masern, Fieber für Erkältung.

Ikon:

Die Ähnlichkeit besteht in einer Art stilisiertem Abbild.

Aber viele sind nicht voll ikonisch.

Die Herzen stehen nicht für Herz, sondern konventionell für Liebe?

Die Tropfen bilden Wassertropfen ab. Und der Schirm verdeutlicht Regen.

Aber auch in der Sprache gibt es ikonische Schlüsse. Teilweise ikonisch sind lautnachahmende Lautäußerungen wie „Wauwau" oder „rattern", „glucksen". Oder die Reihenfolge von Sätzen:

Ich gehe ins Bett und putze die Zähne.

Bei Ikonen fragt sich: Worauf zielt die Ähnlichkeit?

- Abbild?
- Konventionelles Zeichen?
- Konventionelle Handlung
- Mischung verschiedener Methoden?

13. Was ist eine Sprache? Und was zwei?

Im Gegensatz zur Frage „Was ist Sprache" geht es hier um Einzelsprachen. Sprecher wie Linguisten haben eine Vorstellung davon, was eine Sprache ist. Nur, so einfach ist es nicht.
Ein Linguisten-Joke: Eine Sprache ist ein Dialekt mit einer Armee. Das Erhellende hieran ist der Hinweis, dass es meist äußerliche Kriterien sind, mit denen eine Sprache abgegrenzt wird.
Ein anderes Kriterium wäre der zu der Sprache passende Staat. Das scheint manchmal zu tragen, scheitert aber gleich an der Schweiz, die ja vier offizielle Sprachen hat: Deutsch, Französisch, Italienisch, Rätoromanisch.
Ein anderes Kriterium ist, dass es eine Literatur in dieser Sprache gibt. Das ist natürlich sehr gefährlich in der Umkehrung: Wenn es keine Literatur gibt, dann ist es keine Sprache?

Eine Sprache ist als differenziert anzusehen, portioniert sowohl im Raum als auch in der Zeit. Jeder Sprecher entwickelt ein Bewusstsein dafür, dass in verschiedenen Gegenden unterschiedlich gesprochen wird. Je nach Granularität kann es dabei um Sprachfamilien, um verschiedene Sprachen, um verschiedene Dialekte oder auch nur um einzelne unterschiedliche Züge gehen.
Aber die Sprecher konstruieren Dialekte und seien sie auch noch so klein. Dabei geht es vor allem um Unterschiede, um Abgrenzung zum Reden der Nachbarn.
Wir aber sollten sehen, dass hypostasierte Objekte wie Sprachen oder Dialekte nicht irgendwelche festen Grenzen haben, vor allem keine räumlichen. De Saussure, der linguistische Urvater sprach: Wenn man vom Pas de Calais nach Turin wandert, kommt man an keine Stelle, wo man sagen könnte: Jetzt gehe ich aus dem Französischen raus und komme ins Italienische.

Es gibt keine Stelle, an der eine Sprache endet und eine andere beginnt. Es gibt Übergänge überall. Selbst mehrere Sprachen oder konkurrierende Sprachgewohnheiten in einer Region sind nichts Außergewöhnliches.

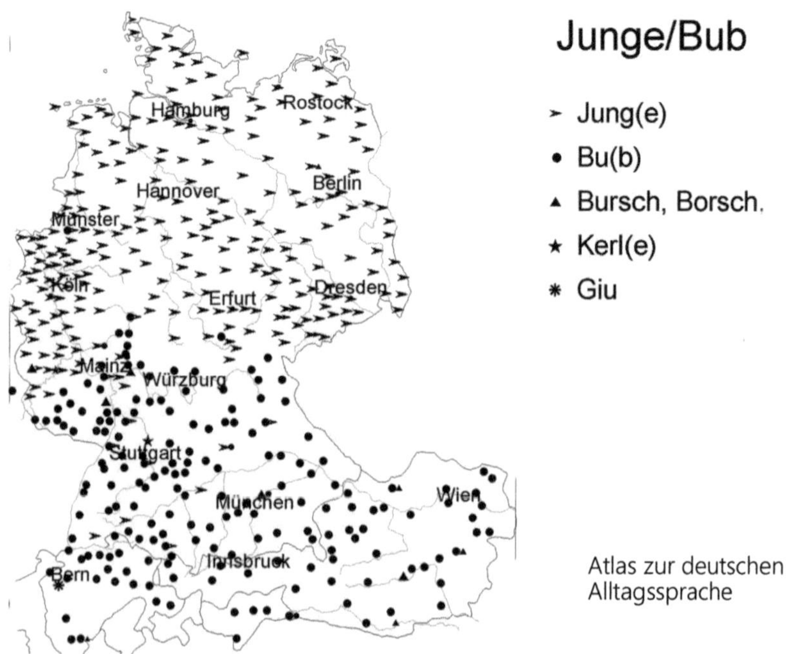

Atlas zur deutschen Alltagssprache

Hier sehen wir eine Tendenz der Verteilung der Wörter, besonders eine Nord-Süd-Differenz. Aber wir könnten keine Grenze von *Junge* zu *Bub* ziehen. Ja, wir finden sogar südlich von Stuttgart beide zusammen. Und um München herum zu *Bub* auch *Bursch*.

Deutsch ist in diesem Sinne nicht homogen, sondern besteht aus vielen Varietäten. Auch die Standardsprache ist eine Varietät. Sie ist mehr oder weniger durch Normen bestimmt. Wo ihre Grenze liegt, ist schwer anzugeben und darum strittig. Denn auch Normen sind nicht starr und nicht sakrosankt und sie greifen nicht immer.

Darum betrachten Linguisten Sprache nach Varietäten. Eine klassische Einteilung ist dies:

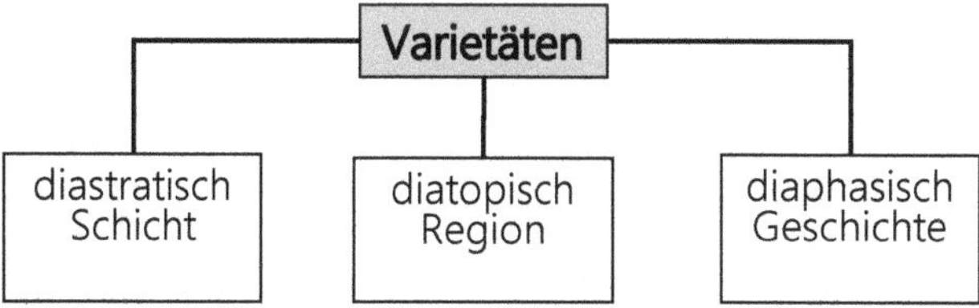

- Diatopische Varietäten sind regional definiert: Dialekte, Regionalsprachen.
- Diastratische Varietäten sind soziokulturell definiert: Gruppensprachen (Soziolekte), Fachsprachen, Umgangssprache, Jugendsprache, Dichtersprache, Sportlersprache, vielleicht auch Frauensprache, Männersprache.
- Diaphasische Varietäten sind meist nach Epochen definiert. Althochdeutsch, Mittelhochdeutsch, Neuhochdeutsch.

Und selbst die feinste Einteilung bleibt letztlich grob vor der Differenziertheit einer Sprache.
Für Linguisten verschärft sich das Abgrenzungsproblem. Sie können eine Sprache nur beschreiben, soweit sie regulär ist. Ihre Aufgabe ist es, die Regeln aller Sprecher verlässlich zu formulieren, eben nicht nur die eigenen. Dabei setzen sie oft stillschweigend voraus,

- dass Sprecher gleiche Regeln befolgen,
- dass die Regeln in Formulierungen irgendwie abschließbar seien,
- dass passende Formulierungen überhaupt möglich sind.

Damit gleiten sie leicht ab in Grenzziehungen und Festschreibungen – eben wie alle Welt.

14. Was ist ein Dialekt?

In der Nähe hier gibt es ein Geschäft, das sich zur tschüs-freien Zone erklärt. Und nicht viel weiter gibt es ein hallo-freies Lokal. Was soll man hier und dort denn sagen? Es geht darum, dass bittschön bairisch gredt wird.
Doch mit dem Grüßen ist es im Bairischen nicht ganz leicht. Leicht ist es mit *Servus*. Mit diesem Gruß kann man sich begrüßen und verabschieden. Man muss auch nicht schauen, wie viel Uhr es gerade ist, wen man grüßt oder gar wer man selber ist. Aber leider nicht nur bairisch. Österreicher kennen das Servus auch.
Aber können alle Bayern Bairisch? Oder bist du nur Bayer, wenn du bairisch kannst?
Zu Ende des 19. Jahrhunderts erlebte die Dialektforschung eine Blüte. Man baute Sprachatlanten, in denen Dialektgrenzen sauber eingezeichnet waren. Wahrscheinlich wussten Linguisten schon, dass das Idealisierungen waren. Und man hat auch schon etwas großflächiger gedacht.
Heutzutage würde man es auf jeden Fall differenzierter sehen. Statt von Dialekt spricht man von regionaler Sprachvarietät. Damit hat man das Definitionsproblem zwar nicht bewältigt, doch man hält die Grenzen offen.

Dialekte sind eigenständige sprachliche Systeme mit besonderem Lautsystem, eigener Grammatik und eigenem Wortschatz. Sie sind wie jedes sprachliche System innerlich komplex, ohne scharfe Regeln und Grenzen. Sie sind räumlich zu betrachten, sozial und historisch. Sie sind Kontinua und keiner kann für sich beanspruchen, nur er spreche den perfekten Dialekt. Wie jedes Sprachsystem sind Dialekte auch lebendig und nehmen Fremdes von außen auf. Das mag dann auch dazu führen, dass sie überfremdet, sozusagen aufgefressen werden. So ist natürlich *tschüs* auch so bairisch wie *ciao*.

Nochmal zurück zur provokanten Eingangsfrage und den Verabschiedungen. Da haben wir erst einmal: *G'füardi*. Es ist eine Kurzform von *Gott führ dich*. Sie merken gleich, dass nicht nur ein kleines Problem mit der Schreibung auftritt. Sie würden vielleicht fragen: Was mach ich, wenn ich jemand nicht duze? Echte Bayern duzen zwar alles und jeden – heißt es wenigstens –, so könnten Sie die höfliche Differenzierung nicht mehr einhalten. Aber Bayern unterscheiden zwischen *du* und *ihr* als Anrede (auf Deutsch). Also *G'füard Eana*. Was aber soll das *d* da drin? War es nicht *du*? Vielleicht lassen wir es drin, weil sich der Gruß so besser spricht.

Zu dieser Verabschiedung gibt es noch eine Alternative. Es ist *Pfirdi* oder *Pfirdi Gott*. Das soll nun so etwas sein wie *Behüt dich Gott*, mit entrundetem *ü*. Für Sprachsäuberlinge nicht unbedingt schön, weil undurchsichtig und verstümmelt. Es wird noch schwieriger: Mit dem Binnen-d haben wir hier kein Problem. Wenn man sich von mehreren verabschiedet mit *Pfürd eich* oder *Pfürd Eana*, gehört das *d* ja zum Stamm anders als das parasitäre in *G'füad Eana*. Aber was soll das *s* in der Form *Pfürds eich*? Das ist nun wirklich was toll Bairisches. Das *s* ist der Rest eines Pronomens *ös*, das es wohl nur noch im Bairischen gibt. Es ist typisch bairisch, so bairisch, dass auch viele Bayern nicht damit umgehen können.

In älteren Sprachstufen gab es eine Dreiteilung der Pronomen in Singular, Dual und Plural. Das Dual-*ös* konnte sich nicht gut halten. Darum wird auch nicht moniert *Habt's Ihr ein Bier?*, das ja eigentlich doppelt gemoppelt ist bis hin zum Widerspruch: entweder zwei oder eben viele. Und im Grunde machen Bayern das auch in der Form *Pfürds eich*.

Noch schwieriger: Es gibt Niederbayern und Oberbayern. Welches sind die echten? Welche reden das echte Bairisch?

Bitte, dies alles gilt nicht nur für Bairisch. Auch Sächsisch, Schwäbisch, Alemannisch, Ruhrdeutsch und Platt sind nicht irgendwie eingebildete Einheiten.

Es gibt überall Übergänge, innen und auch nach außen.

15. Ein Volk – eine Sprache? Eine Sprache – ein Volk?

Hier geht es um einen Mythos, der immer mal wieder aufblüht: Erste Nachfrage mit der Betonung auf *Volk*. Was wäre ein Volk? In etwa eine Gruppe von Menschen, die in einer abgrenzbaren Region leben oder aus ihr stammen. Regionen sind natürlich nicht von Natur aus abgegrenzt. Wir werden von einer Unklarheit zur nächsten geschickt.

Zweite Nachfrage mit Betonung auf *ein*. Der Witz ist: Man kann ein Volk schwer bestimmen ohne Rückgriff auf die Sprache. Sie ist ein wesentliches Bestimmungsglied, was aber nicht bedeutet, es müsse unbedingt erfüllt sein. Wie wesentlich, erkennen wir in der Geschichte der Deutschen und des Deutschen.

Obwohl es im Mittelalter noch kein politisches Band gab – es gab verschiedene Stämme, mit verschiedenen Sprachen – gab es das Wort *deutsch* und vielleicht das Bewusstsein einer Art Einheit. Aber Deutsche als Volk – wie könnte man das bestimmen? Wen würde man da einschließen, wen ausschließen? Die Idee einer gemeinsamen Sprache schafft auch die Idee einer weiteren Gemeinsamkeit. Das ist aber eine Idee, eine Idee, die nicht alle teilen.

Wie aber steht es mit den Schweizern? Sprachen gibt es in der Schweiz mindestens vier. Sind die Schweizer ein Volk oder vier? Das ist vielleicht von außen schwer zu sagen. Man müsste eine Befragung durchführen zur Innensicht und zur Außensicht. Aber das stünde immer auch die Bedeutung von *Volk* zur Debatte. Von außen (und vielleicht auch von innen) sehen wir gleich zwei große Gruppen: die Deutschschweizer und die Welschen. Schon in dieser Benennung ist ein Bezug zum Fremden hergestellt. Das hat Tradition von alters her.

Vom Kauderwelsch, das in der Umgebung von Chur gesprochen wird – das Wort ist verstümmelt aus Churwelsch – also dem Rätoromanischen, hier gar nicht zu reden. Wir verwenden das Wort nun ganz anders, der Zusammenhang ist verloren. Und die Rätoromanen werden wir wohl kaum als eigenes Volk wahrnehmen.

Also: Es gibt eine starke Tendenz, die Einheit von Sprache und Volk zu sehen. Aber halten wir uns für Ausnahmen offen.

Geläufige Vorstellungen von Sprache wurden immer schon kritisiert. Wenn wir sie als Sprachmythen verstehen, können wir uns unter neuem Aspekt mit ihnen beschäftigen.

Fragte einst der Altmeister der Linguistik:

> Und was ist schließlich der Nutzen der Linguistik? [. . .] Im Leben der Individuen und der Gesellschaften ist die Sprache ein wichtigerer Faktor als jeder andere. Es wäre nicht vertretbar, wenn ihre Untersuchung die Angelegenheit einiger weniger Spezialisten bliebe [. . .] Es gibt keinen Bereich, der mehr absurde Ideen, Vorurteile, Hirngespinste und Fiktionen hervorgebracht hätte. (Ferdinand de Saussure: Cours de linguistique générale, Peter Wunderli (Hg.) Tübingen 2013, 71)

16. Wem gehört das Deutsche?

Was Sprache ist, wissen wir alle. Aber wenn wir es sagen sollen oder gar definieren wollen, wird es schon bunt. Doch wir wissen wohl, dass die Ausgangsfrage verquer ist.

Deutsch wird im Internet versteigert
Dortmund (rpo). Die deutsche Sprache soll im Internet versteigert werden. Startgebot der symbolischen Auktion bei "Ebay" ist ein Euro. Die Aktion findet zum "Internationalen Tag der Muttersprachen" am 21. Februar statt.

Mit der Aktion will der "Verein Deutsche Sprache" (VDS) nach eigenen Angaben an das Verantwortungsgefühl für die Muttersprache appellieren.
Im Internet heißt es in einer Beschreibung über den ungewöhnlichen Artikel:

Erstklassiges, hoch entwickeltes Sprachsystem mit den Markennamen "Deutsch": rund 1500 Jahre alt, mit ungefähr 450 000 Wörtern, sehr nützlich vor allem durch seine weite Verbreitung hauptsächlich in Europa. (. . .) Das Teil hat allerdings durch fahrlässigen Gebrauch vor allem in letzter Zeit einigermaßen gelitten, weist ziemlich viele Anglizismen auf.

Die Versteigerung begann am 14. Februar um 1 Uhr morgens. Bis Freitagmittag hatte allerdings noch kein Bieter Interesse gezeigt. Am Ende hat sich jemand erbarmt und 261 Euro geboten. Klugerweise wird das Angebot dann aus dem Netz genommen.
Ich hab mal hochgerechnet: Ein deutsches Wort dürfte nach den Angaben und bei dem Verkaufspreis in etwa Anspruch auf 0,0058 Cent haben (ohne die Ansprüche seiner Ahnen zu berücksichtigen). Es würde allerdings noch etwas günstiger, wenn die Angaben zur Anzahl deutscher Wörter stimmen würde.

Wieso ist das ein (blöder) Werbegag? Warum ist die deutsche Sprache nicht zu verkaufen? Weil sie uns allen gehört? Der frühe Sprachkritiker Fritz Mauthner hat das drastisch auf den Punkt gebracht.

> Man hat die Sprache so oft ein bewunderungswürdiges Kunstwerk genannt, dass die meisten Menschen diese schwebende Nebelmasse in einem verfließenden Begriffe wirklich für ein Kunstwerk halten.
> Ein Kunstwerk kann die Sprache schon darum nicht sein, weil sie nicht die Schöpfung eines Einzigen ist.
> Ist die Sprache aber kein Kunstwerk, so ist sie dafür bis heute die einzige Einrichtung der Gesellschaft, die wirklich schon auf sozialistischer Grundlage beruht.
> Um es grell auszudrücken: In ihren verrosteten Röhren fließt durcheinander Licht und Gift, Wasser und Seuche und spritzt umsonst überall aus den Fugen, mitten unter den Menschen; die ganze Gesellschaft ist nichts als eine ungeheure Gratiswasserkunst für dieses Gemengsel, jeder einzelne ist ein Wasserspeier, und von Mund zu Mund speit sich der trübe Quell entgegen und vermischt sich trächtig und ansteckend, aber unfruchtbar und niederträchtig, und da gibt es kein Eigentum und kein Recht und keine Macht. Die Sprache ist Gemeineigentum. Alles gehört allen, alle baden darin, alle saufen es, und alle geben es von sich.

Ich rede von meiner Sprache, weiß aber, dass dies kein wirklich besitzanzeigendes Fürwort ist. So wird geredet und das kann auch jeder sagen: meine = jeder.
Gehört sie also jedem? Wie ginge das? Es geht, weil sie keinem gehört! Eine Sprache ist nichts, was man echt besitzen kann. Das ist Ihnen natürlich nicht neu.

Von welcher Art Gegenstand ist also die deutsche Sprache? Verschiedene Definitionen haben wir schon gesehen. Aber vielleicht noch Einschlägiges von de Saussure:

- Die Langue ist eine soziale Tatsache. . . . Entzieht sich völlig dem Individuum.
- Ein Mittel, ein Instrument, das einzig und allein hierzu dient: sich verständlich machen.
- Ein Schatz, der durch die Praxis der Parole in den Sprechern niedergelegt ist.
- Tatsächlich ist die Langue nicht ein wohldefiniertes oder zeitlich wohlbegrenztes Ding. Alles in der Langue ist Geschichte.
- Es gibt keinerlei Ähnlichkeit zwischen der Langue und jedweder anderen menschlichen Institution.

Jede der Definitionen erfasst einen Aspekt von Sprache. Einer weiteren wollen wir uns kurz widmen:

- Die Gesamtheit der Sätze ist die Sprache.

Taugt das? Für die Bestimmung der deutschen Sprache als die Gesamtheit der deutschen Sätze müsste man in jedem Einzelfall entscheiden, ob dies ein deutscher Satz ist. Wie wäre das mit fehlerhaften Sätzen? Sind sie nicht doch Deutsch?

Vor allem, wenn ein sog. Fehler häufiger auftritt, sollte er dann nur normativ aus dem Verkehr gezogen werden? Darf denn irgendwer bestimmen, was Deutsch ist? Besonders prekär wäre es, wenn die als fehlerhaft deklarierte Erscheinung regulär ist, vielleicht der Vorbote des künftig Dazugehörigen. Zur Abschreckung für Linguisten?
Und noch ein Wittgenstein: Die Sprache ist ein Teil unseres Organismus und nicht weniger kompliziert als dieser.
Eher ein Ansporn!

17. Wie ist die Sprache entstanden?

Ein Kreationist hat mit der Frage kein Problem: Als Gott nach seinem Design die Welt schuf, hat er nebenbei auch die Sprache geschaffen. Eine kleine Frage wäre dann noch: Wieso gibt es diese Sprache nicht mehr, sondern so etwa 7.000? (Ein besonders Wissender hat sogar behauptet im Jahre 1.000 vor der Zeit habe es über 10.000 Sprachen gegeben, auch eine Art von Kreationismus?) Darauf gibt es die belegte Antwort in der babylonischen Sprachverwirrung. Für einen Linguisten ist diese Situation nicht angenehm, weil er über diese verloren gegangene Ursprache nichts herausbekommen kann. Aber so ganz kann der Kreationist sich nicht salvieren. Er müsste noch etwas dazu sagen, wie und wieso Sprachen sich ändern. Wer das untersucht, wird gewiss bei Darwin enden.

Über Jahrhunderte war klar und bibelfest, dass Hebräisch die Ursprache der Menschheit ist. Im 18. Jahrhundert kam die Frage nach dem Ursprung der Sprache – wohl auch im Zuge der Aufklärung – so recht in Schwung. Es schreiben dazu Rousseau, Diderot, Condillac und Adam Smith. Die Königliche Akademie der Wissenschaften zu Berlin stellte dazu 1769 eine Preisfrage. Den Wettbewerb gewann Herder mit seiner „Abhandlung über den Ursprung der Sprache". Er vertrat vehement die Ansicht, die Menschen hätten sich ihre Sprache selber geschaffen und setzte sich damit dem göttlichen Ursprung entgegen, wie ihn wenige Jahre zuvor noch der Pfarrer Süßmilch in einer Schrift vertreten hatte. Mit dem göttlichen Ursprung hat man es einfach: Mit einem Schlag war die Sprache da. Man müsste sich dann nur noch mit den verschiedenen Ausformungen und dem Wandel befassen. Bei Herder wären aber ein paar Anschlussfragen zu beantworten:

- War die Schaffung ein willentlicher (gemeinsamer?) Akt?
- Woher kannten die Menschen das Ziel der Kreation?

Wenn man als Linguist in diesem Sinn über die Sprache spricht, dann meint man nicht irgendeine, sondern die menschliche Sprachfähigkeit. Denn nur sie gibt es nur einmal. Sie ist universal und allen Menschen gemeinsam. Worin besteht also die und könnte man oder gar wie könnte man ihre Entstehung erklären?
Eine nette Übersicht über Sprachursprungstheorien – wie sie oft großtönend genannt werden – bot der dänische Linguist Otto Jespersen.

Die Wau-Wau-Theorie Die Menschen haben Lauterscheinungen der Umgebung nachgeahmt, besonders Tierlaute.	**Die Aua-Theorie** Die Menschen haben reagiert auf Erschrecken, Angst und Schmerzen mit Aufschreien und emotionalen Ausrufen.	**Die Ding-Dong-Theorie** Die Menschen reagierten auf akustische Stimuli der Umgebung, haben ihnen Sinn unterlegt.
Die Hauruck-Theorie Angefangen habe alles mit Ausrufen bei gemeinsamen körperlichen Arbeiten, um sie zu koordinieren.	**Die LA-LA-Theorie** Sprache ist aus Singsang, gemeinsamem rhythmischen Summen hervorgegangen.	

All diese Fiktionen setzen schon viel voraus. Die Wau-Wau-Theorie setzt etwa voraus, dass Menschen Folgendes konnten:

- hören,
- artikulieren,
- nachahmen,
- Ähnlichkeiten erkennen,
- Sinn unterlegen.

Empirisch ist für die Beantwortung der Frage nicht viel zu machen. Es fehlen die Daten und passende Experimente kann man sich schwer ausdenken – unpassende gibt es bei Psammetich und Friedrich II. Da wird der eigentliche, der evolutionäre Aspekt nicht berührt. Das eigentliche Wunder ist das Verstehen.

Dazu eine experimentelle Fiktion.

Zurück in die Zeit unserer Urahnen: Affenmenschen ohne Sprache. Sie konnten schon viel, etwa wie andere Tiere, Elstern etwa, Schreckensschreie ausstoßen, auf die hin alle fliehen.

Einst saß die Sippe am Feuer – Feuer hatten sie schon entdeckt. Sie hatten einen Hasen erlegt, den sie gerade brieten. Da gewahrte einer einen Tiger im Anschlich, stieß einen Schreckensschrei aus. Die Sippe zerstob in Flucht. In dem Moment erkannte der Schreier, dass er sich getäuscht hatte. Aber nun, da alle weg waren, hatte er den Hasen für sich allein. Das gefiel ihm.

Bei der nächsten Gelegenheit erinnerte er sich. Er stieß den Schrei mit der Absicht aus, die anderen hinters Licht zu führen. Und siehe da, es funktionierte. Er glaubte einen neuen Trick gefunden zu haben. Aber die anderen rochen den Braten. Als unser Vorfahre es ein drittes Mal versucht, bleiben sie einfach sitzen. Und wurden sie alle vom Tiger gefressen? Nein, die Geschichte geht anders weiter. Unser Vorfahre erkannte, dass der Schrei nicht mehr zu missbrauchen war. Also schrie er nur noch dann, wenn die anderen den Tiger sehen konnten. Und vor allem, wenn wirklich einer da war. Sonst war er ja zu nichts mehr nutze.

Der Schrei war vom Symptom zum Symbol geworden, das er verwendete, um die anderen zu warnen. Und die anderen wussten, dass er das tat. Und er wusste, dass die anderen das wussten.

Das ist menschliche Kommunikation: reziprokes Wissen.

Sie wurde entdeckt, nicht erfunden.

18. Gab es eine Ursprache der Menschheit?

Seit wann hat der Mensch Sprache? Der Mensch hat Sprache, seit er Mensch ist. Sprache ist das Definiens des Menschen, sodass die Frage so ähnlich ist wie die nach der Länge des Urmeters in Paris. Dennoch wurde das Thema fast inflationär behandelt, etwa in Johann Gottfried Herders Abhandlung über den Ursprung der Sprache und in vielen anderen. Auch Jacob Grimm war beteiligt. Ende des 19. Jahrhunderts hat die linguistische Gesellschaft in Paris ihren Mitgliedern untersagt, hier weiter zu spekulieren. Die Annahme, dass es eine Ursprache der Menschheit gegeben habe, wurde zum gefundenen Fressen für Abenteuerwissenschaft. Was immer man darüber Spannendes erzählt, wird seine Zuhörer finden.

Ende des letzten Jahrhunderts gab es eine Art Bestseller in einem renommierten Verlag, der sich mit den Urwörtern der Menschheit befasste, immerhin über 300 Seiten. Laut Klappentext wurde hier der gemeinsame Ursprung aller Sprachen „schlüssig, einleuchtend und überzeugend nachgewiesen". Wie funktioniert das?

Alle Wörter sind zurückzuführen auf sechs Urwörter. Die sechs Urwörter lassen sich gewinnen, indem man Wörter der Sprachen der Welt vergleicht. Die Vergleichsmethoden sind trickreich.

Nimm eine Buchstabenfolge, etwa BA:

1. Variiere den Vokal: BA > BO, BI, BU
2. Variiere Konsonanten: BA > PA, FA
3. Kehre die Abfolge um: BA > AB, BO > OB
4. Ergänze Buchstaben oder dupliziere: BA > MBA, BABA, BO > BOBO
5. Lasse Buchstaben weg und ersetze sie durch Joker: BABA > B*BA

Und Trick siebzehn: Mach das alles nacheinander und in beliebiger Reihenfolge.

So könnte man alles bauen, was ein Wort sein könnte. Und so kommt man wissenschaftlich aus wenigen Urwörtern zu allen Wörtern menschlicher Sprachen. Sympathisch hieran ist, dass in der Evolution tatsächlich alles Mögliche entwickelt wird, sogar was wir uns gar nicht vorstellen können.

Das Verfahren hat aber zwei Häkchen: Erstens ist es rein kombinatorisch und zweitens nutzen menschliche Sprachen gerade nicht alle Kombinationen.

Der Autor lässt es natürlich nicht bei der Kombinatorik, das wäre nicht spannend. Ein bisschen Fleisch muss dran. So wird denn kräftig assoziiert. Auf der Lautseite: Klingt BABA nicht wie PAPA? Da muss doch was gemeinsam sein. Auf der Weltseite: Hat Nacken nicht was mit nicken zu tun und die Brust mit der Mama?

Die Frage bleibt. Eine seriöse Antwort wird man nicht bekommen. Und dass etwa einer die Sprache erfunden hätte, stößt auf ein logisches Problem:

Der Urmensch kam einst zum Entschluss,
Dass er etwas sagen muss.
Und was passierte dann?
Die andern schaun ihn sprachlos an.

19. Könnte es eine Universalsprache geben?

Seit dem uns bekannt wurde, wie es damals in Babel herging bei der göttlichen Sprachverwirrung, träumen wir davon, den paradiesischen Zustand wieder herzustellen. Auf jeden Fall hat die Ausschüttung des Heiligen Geistes uns Normalbürgern nicht geholfen.
Eine sehr bequeme Lösung ist die Sprache des Geistes, die uns Menschen sowieso allen gemeinsam ist. Die Sprache des Geistes, neuerdings auch Mentalesisch genannt, habe eine besondere Struktur. Es gehe um Repräsentationen (wovon?) und sie gehorche einer kompositionalen Semantik: Ihr Vokabular setze sich aus einzelnen bedeutungstragenden Teilen (wie in natürlichen Sprachen die Wörter) zusammen. Und auch sonst schaue alles in etwa so aus wie in natürlichen Sprachen. Man fragt sich, wie man darauf kommt und wie das kommt. Auch ansonsten wird zu ihrer Beschreibung das gängige, fortgeschrittene Vokabular verwendet, also absolut up to date. Allerdings von Empirie erscheint da nicht viel. Man darf es ruhig für science fiction halten. Und vor allem, da man Mentalesisch nicht sprechen kann, hilft sie zur Kommunikation nicht viel.

Für die Konstrukteure universaler Sprachen standen noch unterschiedliche Nebenziele an. So etwa eine Orthosprache für die Wissenschaft, in der nur Sinnvolles geäußert werden kann. Wohlgemerkt die Konstruktionspläne sind nicht so naiv, bis zur Wahrheit zu gehen wie annähernd Orwells NewSpeak.

Weniger ambitioniert, aber immer noch ambitioniert genug war der vielsprachige Ludwik Zamenhof mit seinem Esperanto oder Pfarrer Schleyer mit seiner Sprache für die Welt Volapük, dessen Grabdenkmal wie hier sehen.

Esperanto ist so etwas wie ein Leihgeschäft. Man muss sich fragen, worin das Originelle der Sprache besteht. Was einfach und regulär zu fassen ist: Eine Art Simple-Grammatik, nämlich so, dass ihre Regeln strichgenau linguistisch zu formulieren sind. Dagegen wird das Lexikon klugerweise freigegeben oder frei geliehen.

Für Wittgenstein war ein solches Konstrukt inakzeptabel:

> Esperanto. Das Gefühl des Ekels, wenn wir ein erfundenes Wort mit erfundenen Ableitungssilben aussprechen. Das Wort ist kalt, hat keine Assoziationen und spielt doch „Sprache".

Der Linguist Brugmann prophezeite schon 1907: Je mehr Sprecher Esperanto sprechen, desto mehr zerfällt die Sprache in Dialekte. Das ist tatsächlich eingetreten, weil die Sprache offen gedacht ist. Aber der Drift ging nicht so weit, dass die Sprecher der verschiedenen Lekte sich nicht mehr verstehen würden.

Der Mangel an Assoziationen ist natürlich ein Rezeptionsproblem: Für den, der die Sprache nicht verwendet im Alltag und in der Sozialisation, haben die Wörter keinen Tiefgang.

Irgendwie wirken solche Texte putzig oder auch witzig auf uns.

Dazu ein kurzer Text in Interlingua, einer neueren Plansprache, wie diese Konstrukte auch genannt werden.

Nostre Patre, qui es in le celos,
que tu nomine sia sanctificate;
que tu regno veni;
que tu voluntate sia facite
super le terra como etiam in le celos.
Da nos hodie nostre pan quotidian,
e pardona a nos nostre debitas
como nos pardona a nostre debitores,
e non duce nos in tentation,
sed libera nos del mal.

Das Ganze scheint ja doch etwas eurozentriert, aber gut zu verstehen. Oder? Vor allem, wenn Sie den Text in Ihrer Sprache kennen. Vielleicht versuchen Sie es auch hiermit.

Le idea de litteratura mundial, que Herder e Goethe habeva concipite essentialmente ex le puncto de vista de arte, ha hodie ganiate mesmo plus grande importantia ex le puncto de vista de scientia. Nam de omne possessiones commun de le humanitate, nulle es tam general e international quam scientia. Sed omne communication e propagation de scientia usa le medio de lingua, ergo le internationalitate de scientia irresistibilemente postula le internationalitate de lingua. Si nos considera, que hodie plure obras scientific, specialmente libros de apprension, es traducite in dece-duo o plus linguas estranie, tunc nos comprende qual immense quantitate de labor on poterea sparmiar, si on poterea comprender libros ubique super le globo tam generalmente quam per exemplo notas e tabellas de logarithmos.

So ganz ohne Bildung wird man das wohl nicht verstehen. Doch wenn man nicht übersetzt wird, fällt die Arbeit natürlich nicht an.

20. Warum und wie ändern sich Sprachen?

Kurze Antwort: Weil wir täglich reden, weil wir sie ständig gebrauchen.

Nur: Nutzt sie sich da nicht ab? Nein, überhaupt nicht. Sie kann sich gar verbessern, wenn man so überhaupt reden sollte. Und vor allem, wir machen den Wandel nicht. Er könnte uns sogar stören, wenn es plötzlich anders ginge, als wir gelernt haben. (Tatsächlich soll es Leute geben, die genau das stört.)

Noch mal, wir machen den Wandel nicht, er passiert als Nebenprodukt unserer täglichen Kommunikation. Er ist ein Produkt der Unsichtbaren Hand. Aber, wie geht das?

Wir folgen bestimmten Prinzipien in der Kommunikation:

1. Wir sind faul. Wir sagen nur das Nötigste. Das gilt schon für die Lautung der Wörter. WIr kürzen, wir verschleifen sie, so weit es geht. Im deutschen wurde aus *hagazussa* (was vielleicht so viel bedeutete wie „die im Hag, im Wald sitzt") das neue *Hexe*, dem man nichts mehr ansieht. Im Französischen wurde lateinisch *hoc ille* mit der Zeit zu *oui*, ähnlich erging es lat. *hodie* „heute", es wurde zu *hui*.

Und wir passen die Laute in Wörtern an, damit wir möglichst wenig Energie für die Artikulation verbrauchen. Ein Beispiel ist die Assimilation. Im alten Wort *anabos* „das, woran man schlägt" wurde das / n/ dem folgenden / b/ angeglichen. Dann musste die Zunge nicht zu den Zähnen wandern für das / n/ . Und so haben wir nun *Amboss*.

2. Wir wollen verstanden werden. Darum hat unsere Faulheit Grenzen. So wurde das französische *oui* schon etwas länger geschrieben als gesprochen. Ähnlich *hui* mit einem überflüssigen *h* in der Schreibung. So waren beide in der Schrift schon unterschieden, gesprochen aber gleich. Darum haben die Sprecher wieder etwas mehr gemacht, um Missverständnisse zu vermeiden.

Das häufigere *oui* haben sie gelassen, dafür bei *hui* etwas Klärendes hinzugefügt: *aujourd'hui*, in etwa „am heutigen Tag". Und das ist nun nicht mehr umständlich, sondern ganz normal. Das *hui* ist damit tot. Oh, nein, es lebt noch im heute üblichen Wort. Aber vielleicht weiß es kaum noch einer.
Das Gegenstück zur Assimilation ist die Dissimilation. Sie dient dazu, die Artikulation von Wörtern deutlich zu halten. Man könnte sich denken, dass sich *mortar* oder *mörtar* entwickelt hat zu *Mörtel*, um die Kollision mit *Mörder* zu vermeiden.

3. Wir wollen so reden wie die Anderen. Das trifft zuerst einmal auf den jeweiligen Partner zu. Wenn wir verstanden werden wollen, reden wir seine Sprache. Das geht natürlich nicht sehr tief oder in die Feinheiten. Darum machen wir uns ein Bild davon. Ja, und da gehen wir über den jeweiligen Partner hinaus zu den vielen. Was wir so täglich hören und lesen. Besonders, was uns neu und treffend erscheint. So können Trends und gar Moden entstehen. Wir wollen ja auch attraktiv reden.
Die Sprache ergibt sich in einem Ausgleichsprozess zwischen den Individuen. Sie existiert nur durch die Summe oder in der Summe der realen Äußerungen.

- Der sprachliche Wandel ist spontan und zufällig.
- Das Ergebnis ist unberechenbar und unvorhersehbar.
- Der ganze Sprachwandel ist schicksalhaft.
- Nichts kann ihm widerstehen, er ist notwendig und in der Natur der Sprache angelegt.

Die Sprache ist in permanentem Wandel. Dies ist etwas von ihrem Wesen Unzertrennliches. Dieser Prozess ist endlos, bevor ein Wandel vollzogen, gibt es schon neue Unterschiede, die weiteren Wandel bewirken können.

Im Wandel gibt es keine Sprünge. Die Evolution besteht in Tausenden von kleinen Schritten, feinsten Nuancen und minimalen Übergängen. Auch die geringste Veränderung des Usus ist bereits ein komplizierter Prozess, den wir nur begreifen, wenn wir individuelle kommunikative Ziele verstehen.
Ein gewöhnlicher Irrtum ist, dass eine in langem Zeitraum durch massenhafte kleine Verschiebungen entstandene Veränderung auf ein einziges Motiv zurückgeführt wird.
Der Wandel ist total und unbegrenzt, und es bleibt die Frage, wie in diesen chaotischen Wirbel überhaupt eine Ordnung kommen kann.

21. Können Sprachen kränkeln, gar verfallen?

Was die deutsche Sprache, deren Gefährdung und Verfall betrifft, ist klar: Wenn die Sprecher Fehler machen, dann ist die Sprache gerade die Instanz, nach der etwas ein Fehler ist. Aber kennt, wer den Fehler feststellt, die Sprache? Woher?

Zuerst einmal kennt er seinen eigenen Idiolekt, seine Kenntnis der Sprache. Wenn er sich eine Vorstellung von der Sprache macht, müsste er so vorgehen wie wir Linguisten in der Korpusanalyse. Und da stellte sich ja die Frage: Wann ist etwas in der Sprache oder nicht mehr, wenn sie verfällt? Wann ist es passiert? So lange man das nicht weiß, ist mit der Sprache nichts passiert.

Wenn wir in die Geschichte des Deutschen schauen, sehen wir, dass immer schon Veränderungen im Gang waren und dass, was gestern falsch war, heute korrekt ist – und umgekehrt. Wer im Wandel Verfall sieht, braucht ein paar Zusatzargumente.

Als Sprachhistoriker wissen wir, dass in der Verbflexion Einiges passiert ist. Die Grobtendenz ist: Der Ablaut wird langsam abgebaut.

Das Partizip Perfekt, wie heißt es richtig: *gehießen* oder *geheißen*? Manche Verben sind völlig von den starken zu den schwachen gegangen. Andere sind dem Trend nur in manchen Formen gefolgt. Da sind Bastarde entstanden wie *hauen – haute/hieb – gehauen*.

Ein schönes Verwirrspiel finden wir hier: Sicher kennen Sie das Wort *auserkoren*. Kennen Sie auch seine Verwandten, woher es kommt? Es stammt vom Verb *kiesen – kos – gekoren*. Das aber hatte einen starken schwachen Konkurrenten: *wählen – wählte – gewählt*. Im 19. Jahrhundert waren noch beide im Spiel.

Goethe kannte natürlich alle zwei:

> So rennet nun alles in vollem Galopp
> Und kürt sich im Saale sein Plätzchen.
>
> (Goethe, Hochzeitslied)

Aber *kiesen* hatte eine Schwäche: Es war isoliert. Der s-r-Wechsel, der Rhotazismus war für die Sprecher phonologisch unmotiviert. Es war ein alter unplausibler Zopf. Deshalb war der Konkurrent willkommen. Und dennoch ging *kiesen* nicht ganz unter. Es hat uns nicht nur den Rest in *auserkoren* hinterlassen, sondern auch ein neues schwaches Verb: *küren – kürte – gekürt*. Denn *die Kür* war auch vom Stamme *kiesen*. Dieses neue Verb war nun aber kein Konkurrent zu *wählen*, sondern hatte sein eigenes Reich, nämlich das, wo die Auserkorenen zwar nicht gewählt, aber doch gekürt werden.

Sollte der Übergang zur schwachen Konjugation schlecht sein? Verfall gar? Es ist eine Art Vereinheitlichung. DaF-Lerner wissen, wie quälend Ablautformen sind. Ihnen wäre jede Vereinfachung sicherlich willkommen.

Linguisten sind nicht ausgenommen von der Verfalls-Metaphorik. Üblich ist die Redeweise vom Kasusverfall. Da *schwang/ schwung/ schwingte* bei manchen Linguisten ein leises Bedauern mit, wenn so ein bewundernswertes, hoch strukturiertes System des rekonstruierten Indogermanischen aufgegeben oder simplifiziert wurde zum heutigen ärmlichen deutschen Kasussystem – vom englischen zu schweigen. Noch im Althochdeutschen war es da viel besser bestellt.

Und dann kommt der Bescheidwisser: Er beklagt sich darüber, dass in modernen Zeiten die Sätze so kurz würden. Thomas Mann habe noch einen mit 347 Wörtern geschafft. Der Schreiber selbst bringt es in dem Artikel immerhin auf einen Schnitt von etwa 14 Wörtern pro Satz. Chapeau! Aber er hat noch mehr auf Lager: Schrecklichstes Symptom der kranken Sprache sei jenes modische Pseudo-Englisch.

Was sollen solche Artikel? Reagiert sich einer ab in trauter Gemeinsamkeit mit seinen Lesern? Aber was haben sie davon? Wollen sie sich innerlich erheben über die Anderen? Sie könnten sich ja raushalten und nicht zum Siechtum des Deutschen beitragen.

22. Können Sprachen sterben?

Natürlich können Sprachen sterben. Jedenfalls wird so geredet. Aber was heißt das? Was sagt man da?
Früher lernten wir, es gebe 10 romanische Sprachen. Heute werden auch schon mal 15 angegeben oder gar 26. Für die Zählung stellt sich natürlich das Abgrenzungsproblem, auf das es hier vielleicht nicht so ankommt. Von Erscheinungen wie dem sog. Moselromanischen, das in Sprachinseln an der Mosel bis ins 11. Jahrhundert gesprochen wurde, ist selbst bei der größten Zahl noch nicht einmal die Rede. Außerdem lernten wir, dass die zehnte romanische im Jahre 1898 gestorben sei. In diesem Jahr starb – er starb echt – nämlich der letzte Sprecher des Vegliotischen, wie es auf der Insel Krk gesprochen wurde. Können Sie sich in dessen Situation versetzen? Es gab niemanden mehr, mit dem er hätte reden können. Er allein konnte beurteilen, was vegliotisch korrekt war und was nicht ging. Ein mächtiger Gewährsmann für Linguisten!
Auf der Welt gibt es 6.000 bis 7.000 Sprachen. Das heißt lebende Sprachen, die Sprecher als Muttersprache lernen. Es heißt, wenigstens 3.000 von ihnen könnten verloren gehen. Seit 1950 wurden über 500 Sprachen gezählt, die nicht mehr im Alltag verwendet werden. Die Rate, mit der wenig bekannte Sprachen außer Gebrauch kommen, ist alarmierend und rechtfertigt die Warnungen vor dem Sprachentod.
Wird eine Sprache von weniger als 50 Sprechern gesprochen, kommt sie auf die Todesliste. Aber auch eine Sprache mit mehr als 50 Sprechern ist ernsthaft gefährdet. Eine Sprache gilt als tot, wenn sie nicht mehr gesprochen wird, wenngleich noch schriftliche Aufzeichnungen existieren mögen: Wörterbücher, Grammatiken oder gar Transkriptionen. Eine Sprache gilt als ruhend, wenn sie nicht mehr gesprochen wird, aber für manche Menschen noch in Funktion ist als kulturelles Erbe, in Texten, die zum kulturellen Erbe gehören – wie der Koran etwa.

Oft sterben Sprachen gar nicht total. Musterbeispiel das Latein als tote Sprache. Es lebt wunderbar lebendig fort in den romanischen Sprachen, halbdirekte Nachkommen. Und es lebt in Texten, die auch heute noch gelesen und verstanden werden. Es lebt in anderen Sprachen, im Deutschen (*Fenster* zum Beispiel) wie im Englischen (*dish* oder *street* zum Beispiel). Und es lebt in bestimmten Bereichen, im religiösen Ritus bis in die Medizin und Juristerei.

Warum aber kommt eine Sprache zu Tode, um einmal in dieser Metaphorik weiter zu reden? Wenn die Eltern sie nicht mehr als Erstsprache mit ihren Kindern verwenden, bricht die sprachliche Tradition ab. Sprachen sterben, weil keiner sie mehr sprechen oder schreiben will, weil keiner sie mehr hört oder liest. Oder aber: Die Sprecher sterben einfach aus – wie seltene Arten.
Wer eine der wichtigen Weltsprachen spricht, wird kaum draufkommen, was der Verlust der eigenen Sprache bedeuten kann. Viele werden sogar meinen, dass die Welt besser dran wäre, wenn alle dieselbe Sprache sprechen. Nur welche? Am besten meine!
Am Leben halten können wir sterbende Sprachen nicht, aber wenigstens dokumentieren mit allen technischen Mitteln, die uns zur Verfügung stehen:

- Sie sind ein Zeugnis der Vielfalt des menschlichen Geistes und der menschlichen Kultur.
- Sie bewahren Wissen, das es nirgends sonst gibt.
- Sie sind ein Zeugnis der Evolution des Menschen.

Für Linguisten, für Kognitions- und Kulturwissenschaftler bilden sie einen unersetzlichen Fundus.
„Ist eine Sprache einmal ausgestorben, so erscheint sie [. . .] gleich einer Spezies niemals wieder." (Charles Darwin)

23. Leben der Wörter?

Oder aus meinem Leben. Die Tage wurde prognostiziert, dass heute Geborene im Prinzip ewig leben könnten. Klar, natürlich nicht alle. Wenn du zufällig im Sudan geboren wärest . . .
Wörter aber können Methusaleme werden (man scheut sich ein bisschen, das zu schreiben, weil die automatische Rechtschreibprüfung gleich meckert). Natürlich weiß man im Grunde nie, wann eines geboren wurde, und auch nicht, wann es gestorben ist. Schon um über ein Wort zu reden, muss man es wiederbeleben. Aber Wörter haben ein Leben und einen Lebenslauf.

Ich, bin der Muskel. Ich komme aus dem Latein. Woher genau, weiß ich nicht, und wann genau geboren, auch nicht. Aber sicher vor dem Jahre null. Neugeborene und Kinder schauen natürlich oft noch hübsch aus und sie sind klein. So auch bei mir, nämlich *mus*, auch schon mal *mūs*, weil ich natürlich länger wurde. Ich bin schon früh rumgekommen, war aber kein Flüchtling, sondern bekam früh die doppelte Staatsbürgerschaft und lebte hier und da. Hier *mus* und da *Maus*. (Ich muss vielleicht gestehen, dass bei einer schnellen Ahnenforschung herauskam, dass ich eigentlich ganz woanders herkam, nämlich aus den Steppen Osteuropas, das es damals natürlich nicht gab. Ich war irgendwie indogermanisch!) Mein Leben war nicht unbedingt schön, eher gefährlich. Die Menschen mochten mich nicht. Die Katzen schon, aber ich nicht die. So musste ich mich verkriechen. Ein Leben unter der Erde (also doch eine Art Flüchtling?)! Da hilft nur klein machen und unauffällig. So verkroch ich mich schon früh in eine Wade und machte mich klein zu *musculum* = das kleine Mäuschen oder einfach Mäuschen. Das steckte eigentlich schon früh in mir. Denn Metzger und Feinschmecker wissen, worum es geht von der Maus die Rede ist. Obwohl es schönes schieres Fleisch ist, sprechen manche da auch vom Nüsschen.

Die richtig große Karriere habe ich dann aber als *Muskel* gemacht. Ich landete im Umfeld von Gelenken, Sehnen, Knochen und Nerven. Ich wanderte in Oberschenkel, in Arme und Brust. Auch vor dem Popo machte ich nicht halt. Da lernte ich alsbald das Zwacken und kam ins Umfeld von Schmerzen und Fieber, zerren, verhärten und verspannen. Mein Leben veränderte sich total durch die Erkenntnis, dass man mich trainieren, dehnen konnte und sollte. Damit ging das Geschäft los: mit Trainern, Masseuren, Physiotherapeuten.

Meine Schwester übrigens ging nebenraus. Bis zum *Muskel* war sie noch in der Familie, aber dann mauserte sie sich zur Muschel, was bei jungen Mädchen nicht so erstaunlich ist. Da winkte schon die Venus. Über die Kurzform, mit der sie auch gerufen wurde, möchte ich hier nicht sprechen. Auf jeden Fall sind wir eine fruchtbare Familie. Wir leben heute verstreut über ganz Europa und die ganze Welt. Schauen aber überall ein bisschen anders aus: *músculo, musculo*, und zweisprachig französisch und englisch *muscle*.

In so einem Lebenslauf erkennen wir, wie sich die Lautform ändert, wie Wörter wandern und ihre Bedeutung in jeder Bedeutung variiert.

Ich heiße Tollpatsch. Ich muss sofort sagen: Ich bin kein Tollpatsch. Ich habe mein Leben lang unter dem Namen gelitten. In mehrfachem Sinn bin ich entstellt und behindert. Doch eins nach dem anderen. Geboren bin ich in Ungarn. Da war mein Name auch schon nicht ganz unproblematisch. Ich hieß damals *Talpas*, ein Name, der auch sprechend war. Es war einer mit den breiten Füßen. Mal ein Bär und mal einer von den Soldaten in breiten Latschen, vielleicht noch mit Pelzbesatz.

Nach meiner Zwangsausweisung in deutsches Hoheitsgebiet war ich natürlich ein Fremder, da wurde mein Name dann gleich mit entstellt. In Bayern war ich *Talpatz*, erst mal nahe beim Batzi. Sie wissen, was das für einer ist? Im Reichsgebiet haben sie mich vorn verstümmelt. Da war ich der *Tollpatsch*.

Da wären natürlich zwei Wege offen gestanden: Einmal, dass ich ein toller Mann geworden wäre. Ok, auch da wäre der zweite Weg noch sichtbar gewesen. Denn bei *toll* schwingt immer zweierlei mit: Tollkühn und die tolle Stimmung, doch das Tollhaus und die Tollwut lauern auf der anderen Seite. Das verlor sich auch nicht bei meinen Verwandten. Ihre Namen wurden mit der Zeit sogar so angepasst, dass sie gleich das Richtige zeigten: *Tobert* oder *Tappert.* Sie erlagen dem Schicksal, das dort auch schon der Tobias erlitten hatte. Der Tobes ist eben tobisch, ein bisschen täppisch, wie immer das auf Hochdeutsch heißen möge.

Irgendwie neigen die Menschen dazu, andere schlecht zu machen. Das tun sie mit den Wörtern (Linguisten sprechen fein von Pejorisierung) und sie tun es vor allem mit den Namen.

Jetzt im Alter ist alles etwas erträglicher geworden. Je älter ich wurde, umso weniger wurde das Wort *Tollpatsch* verwendet und der Name wird auch seltener. Ich führe jetzt eher ein Nischendasein. Und das ist angenehm, muss ich sagen. Die, die das Wort noch kennen, wissen eher, was es damit auf sich hat, und wer etwas weiß, ist toleranter gegenüber dem Fremden und dem Fremdartigen.

Wörter als lebende Individuen zu sehen, ist verankert in der metaphorischen Fassung von Sprache überhaupt.

Wortverwandtschaften stellen wir dar wie Familien in ihren Stammbäumen. Damit werden die überraschendsten Zusammenhänge deutlich. Welcher Sprecher würde schon drauf kommen, dass im *-er* von *Eimer* ein *tragen* steckt? Und in *eim-* ein *ein-*? Dass der Eimer eigentlich ein Ein-träger ist im Gegensatz zum Zuber, der ein Zwei-träger ist. Hier ein verdünnter Ausschnitt aus der riesigen Familie, die ihren Ursprung nimmt in der erschlossenen indogermanischen Wurzel **bheran* ‚tragen'. Das germanische *beran* ist der direkte Nachkomme von **bheran*. Und bringt viel Neues in die Familie.

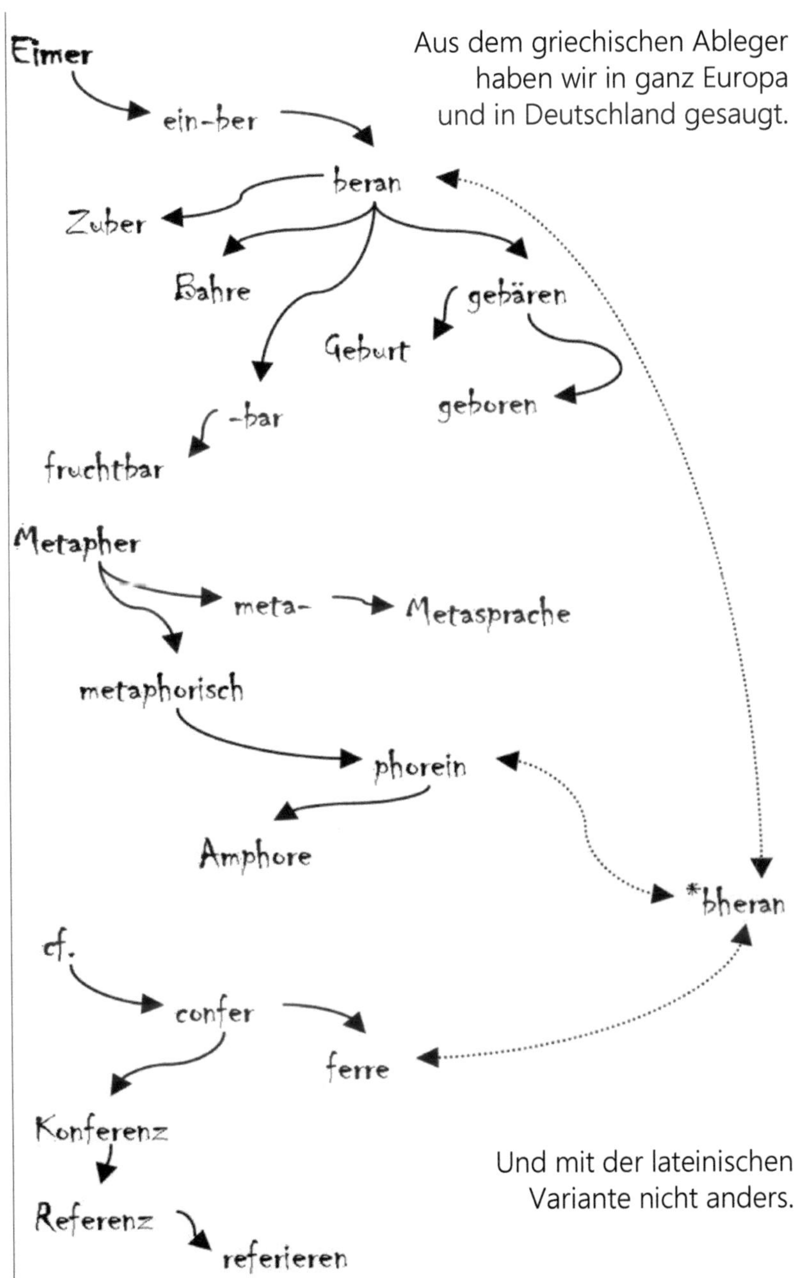

Aus dem griechischen Ableger haben wir in ganz Europa und in Deutschland gesaugt.

Und mit der lateinischen Variante nicht anders.

24. Bestimmt die Sprache unser Weltbild?

Eine uralte Frage. Spektakulär wurde sie formuliert in der populären Sapir-Whorf-Hypothese, die allerdings leider mehr Whorf als Sapir ist.

Sapir

Menschen leben nicht allein in der objektiven Welt, auch nicht in der Welt des sozialen Handelns, wie es normalerweise verstanden wird. Sie sind der jeweiligen Sprache ausgeliefert, die zum Ausdrucksmedium in ihrer Gesellschaft geworden ist.
Keine zwei Sprachen sind sich ähnlich genug, um als Repräsentanten derselben sozialen Realität angesehen zu werden.

Whorf

Wir zerschneiden die Natur, organisieren sie in Konzepten und schreiben ihnen Bedeutung zu, wir glauben daran, weil wir Partei in einer Vereinbarung sind – eine Vereinbarung, die in unserer Rede gilt und in den Mustern unserer Sprache kodifiziert ist. Die Vereinbarung ist natürlich implizit und instabil, aber ihre Bedingungen sind absolut verbindlich. Wir können überhaupt nicht sprechen, ohne auf die Organisation und Klassifizierung zurückzugreifen, die die Vereinbarung uns auferlegt.

Sapir war der Linguist, der die nordamerikanischen Sprachen, die Sprachen der Ureinwohner Amerikas, in eigener akribischer Feldforschung untersuchte.
Whorf war Ingenieur und Angestellter einer Feuerversicherung. Er studierte aber nebenbei bei Sapir und befasste sich ebenso intensiv mit Indianersprachen.
Eins seiner berühmten Beispiele aus der Versicherungsbranche:

Ein Arbeiter, der nicht Englisch als Muttersprache hatte, stellte eine Flasche nahe bei einer Heizung ab: Die Aufschrift „highly inflammable" hatte er als „unbrennbar" verstanden.
In einem anderen Fall glaubten Arbeiter, dass ein Kessel auf dem „leer" stand, nicht explodieren würde, weil eben nichts drin ist.

Wie das die generelle These stützen soll, ist schwerlich zu begreifen. Die Tradition wird gewöhnlich auf einen berühmten Deutschen zurückgeführt.

Wilhelm von Humboldt

„. . . so liegt in jeder Sprache eine eigenthümliche Weltansicht. [. . .] Der Mensch lebt auch hauptsächlich mit den Gegenständen, so wie sie ihm die Sprache zuführt [..] und jede Sprache zieht um die Nation, welcher sie angehört, einen Kreis, aus dem es nur insofern hinauszugehen möglich ist, als man zugleich in den Kreis einer andren Sprache hinübertritt. Die Erlernung einer fremden Sprache sollte daher die Gewinnung eines neuen Standpunkts in der bisherigen Weltansicht seyn."

Die Thesen sind so umstritten aus zwei Gründen:

1. Sie sind viel zu global und ganz unterschiedlich ausdeutbar. Vor allem wimmelt es vor Übertreibungen.
2. Menschen sind so gestrickt, dass sie diese Bestimmtheit nicht empfinden können, nicht erfahren, und dass sie andererseits die Art von Kontrolle nicht wahrhaben wollen – aus Gründen der Selbstbestimmtheit.

Die Redeweise vom Weltbild oder der Weltansicht geht davon aus, es gebe hier die Welt, die eigentliche Welt und da unser Bild von ihr. Es gibt aber wenig Anlass zu glauben, die Welt sei irgendwie anders, als ich sie sehe, als wir sie sehen.

Unsere Welt wird weitgehend uns allen medial vermittelt und medial aufgebaut.

In den chilenischen Anden leben die Aymara-Indianer. Bei den Aymara kann man nicht einfach etwas behaupten, man muss immer dazusagen, woher man das entsprechende Wissen hat. Mit grammatischen Flexiven muss der Sprecher immer markieren, ob er es erzählt bekommen hat, nur gefolgert oder selbst gesehen hat. Sagt zum Beispiel jemand: „Die Amerikaner sind auf dem Mond gelandet" und verwendet dabei nicht das Flexiv mit dem Wert „Kenntnis aus zweiter Hand", wird er als Angeber angesehen und vielleicht gefoppt: „Ach, warst du dabei?"

So wie die Aymara machen wir das in der Regel nicht. Auf jeden Fall sind wir nicht grammatisch gezwungen anzugeben, woher wir etwas wissen. Würde unsere Welt nicht doch ganz anders aussehen, wenn unsere Medien dem Aymara-Prinzip folgen würden?
Eine andere Idee ist, wir seien in diesem Weltbild gefangen. Da ist natürlich was dran, weil es für uns das Selbstverständliche ist, über das wir schwerlich hinauskommen. Die Welt ist eben, wie sie ist. Und darum ist auch die Rede vom Gefangensein windschief. Wir bemerken die Gitter und Zäune nicht. Ja, wir können sie nicht bemerken.

Dein Weltbild hast du nicht aus freien Stücken.
Du kannst es nicht sehen, nicht erblicken.
Du kannst es nicht ändern, nicht verbessern.
Du kannst es so auch nicht verwässern.
Unbemerkt entsteht es,
Unbemerkt vergeht es.

25. Über Sprache die Welt verändern?

Denn als Gott der HERR gemacht hatte von der Erde allerlei Tiere auf dem Felde und allerlei Vögel unter dem Himmel, brachte er sie zu dem Menschen, dass er sähe, wie er sie nennte; denn wie der Mensch allerlei lebendige Tiere nennen würde, so sollten sie heißen. Und der Mensch gab einem jeglichen Vieh und Vogel unter dem Himmel und Tier auf dem Felde seinen Namen.

Der linguistische Erzvater de Saussure verwendet die Bibelgeschichte und beginnt eine Vorlesungsstunde in seiner bewährt didaktischen Art: Er schließt an die landläufige Auffassung an und zeigt, was sprachliche Zeichen nicht sind.

Manche Leute, auch gewisse Philosophen sehen vor sich das biblische Bild, wie Adam umherzog und den Tieren ihre Namen gab. Hier ein Tier und da ein Zeichen dafür. Hier ein Ding und da ein Zeichen dafür. Die ganze Sprache wird damit zu einer Art Nomenklatur, ein Abbild der vorgegebenen Welt.

Der Abbildmythos wird seit langem sprachkritisch gewendet. Es kann offenbar vorkommen, dass die Sprache die Welt nicht mehr oder noch nicht richtig abbildet: „Sprache und Welt klaffen auseinander" wurde das mal dramatisch formuliert. In der adamatischen Geschichte wäre das natürlich nicht möglich. Denn Adam war ja der Kreator, der festlegte, wie die Dinge heißen sollten.
Wer sprachkritisch und abbildtheoretisch argumentiert, muss also irgendwie annehmen, dass die Menschen die kreierte Sprache inzwischen irgendwie versaut haben und er muss natürlich beanspruchen, er habe den unsprachlichen Zugang zur Welt und könne das beurteilen.

In sprachkritischen Überlegungen war immer wieder davon die Rede, dass die Sprache insgesamt oder einzelne Redeweisen die Welt nicht richtig darstellen. Und die Idee war, dass man das in die Reihe bringen müsse. Weitergehend wurde dann gar angenommen, dass weder die Sprache noch die Welt so richtig in der Reihe sind. Bringen wir also zuerst die Sprache in die Reihe, dann wird das mit der Welt auch weitergehen.

Als Exempel für den Abbild-Topos etwas zur Geschlechtergerechtigkeit, wie die Problematik mit dem Plastikwort benannt wird. Hier kümmert sich auch die Seelsorge:

> Sprache ist ein Abbild von sozialer Wirklichkeit, sie spiegelt Beziehungen und Machtstrukturen wieder. Nicht genannt werden, bedeutet letztlich nicht wichtig zu sein, nicht wertgeschätzt und vergessen zu werden. In unserer Sprache ist die männliche Sprachform übergeordnet.

Die Sprache wird als eine Art Indikator für die Benachteiligung von Frauen gesehen. Logisch gesehen wäre das ja leider nur ein winziger Punkt.

Im Brennpunkt stand das Genus-System des Deutschen. Nun aber: Was bildet das System der drei Genera ab? Sagen wir mal: „Gar nichts" oder „Wir wissen es nicht". Deshalb geht es in der Diskussion auch nicht um das pure Genussystem des Deutschen, sondern vorwiegend um maskuline Personenbezeichnungen im generischen Gebrauch.

Nun ist es ja wohl nicht so und war auch nie so, dass irgendjemand auf die Idee gekommen wäre, wenn in der StVO von Autofahrern die Rede ist, da seien nur Männer gemeint. Eine Frau, die auf die Idee gekommen wäre, sie sei da ausgenommen – erscheine eben nicht – wäre beim Erscheinen vor Gericht schnell eines Besseren belehrt worden. Wenn das jetzt geändert werden sollte, muss der Grund irgendwo anders liegen.

Auf jeden Fall würde nun von mir verlangt, ich müsse deutlich sagen Autofahrer und Autofahrerin, was offenbar vorher auch schon deutlich war. Geht es darum, dass Frauen vorkommen müssen? Oder soll nun normativ festgelegt werden, was deutlich ist?
Aber – je nach dem, auf welcher Seite Sie stehen – zur Beruhigung oder zum Ärger: Das Deutsche ist davon noch lange nicht betroffen.
In ein gewisses Problem gerät man, wenn man dieses sog. Splitting mechanisch macht. Es kommt dann schon mal vor, dass man in fernen Jahrhunderten Frauen erfindet, die in der Überlieferung nicht vorkommen. Ok, das könnte man als Versuch werten, die Welt zu verbessern. Wenn ich nun aber das Schicksal der Uiguren bedauere, muss ich da trennen zwischen Männern und Frauen?

Die Sprache sei wie eine Brille, die wir nicht absetzen können. Hoffentlich wenigstens eine Gleitsichtbrille.

Damit soll nun nicht gesagt sein, man könne nicht kritisch damit umgehen, wie Menschen mit der Sprache umgehen. Da ist dann aber nicht das Deutsche gemeint, daran können Sie nichts ändern.
Es geht immer darum, wie und was Menschen sagen.

26. Denken ohne Sprache?

Die Frage, ob wir ohne Sprache denken können, ist ein Renner. Schon die Frage kann verwirren. Was wird jeweils unter Denken verstanden? Kann man die Frage überhaupt unabhängig von dem Verb *denken* stellen? Einer Kuh, die nur die schmackhaften Grasbüschel frisst und alles Andere stehen lässt, könnte man durchaus so etwas wie Denken unterstellen. Auf jeden Fall wendet sie eine Art Wissen an, das vielleicht sogar erworben ist. An der Debatte haben sich große Geister beteiligt, allerdings weniger in der weit verbreiten Vulgärform, dem Postulat einer eigenen Denksprache, des Mentalesischen. Leibniz habe angenommen, es gebe eine lingua mentalis. Er wollte aber eine scriptura universale entwickeln, ebenso eine lingua mentis. Diese Sprache des Geistes sollte einerseits einfacher als die Menschensprache sein, andererseits aber komplexer. Ein gewisses Problem allerdings bleibt: Wir haben diese Sprache nicht vorliegen. Wie könnten wir sie beschreiben?

Warum ist die Ausgangsfrage eigentlich so wichtig, so spannend? Ich glaube, es geht dabei um die individuelle Freiheit. Wenn ich schon nicht denken kann, was ich will, dann bin ich unfrei. Beachten Sie aber diese Formulierung, weil da noch eine weitere Instanz ins Spiel kommt, nämlich das Ich, das etwas will. Wäre das Wollen noch vor dem Denken?

Was ich denke, bleibt auf ewig bei mir. Auf jeden Fall, wenn ich es nicht sagen kann.

Vielleicht könnten wir die Frage etwas kleiner halten, so dass wir etwas mehr Evidenz gewinnen könnten. Vor allem sollte es nicht so sehr gehen um das, was sein könnte, sondern das, was ist. Hier ginge es dann weniger darum, was ein Individuum denkt, sondern darum, was gesagt wird, was sozusagen manifest wird in unserer Kommunikation.

Ein praktischer Tipp: Wenn Ihnen jemand sagt, dass Sie etwas nicht denken könnten, dann fragen Sie: „Was denn"?

Nun aber zu einer moderneren Variante: Wer spricht Mentalesisch?
Wohl keiner. Denn das Mentalesische soll die Sprache des Denkens sein. Ein Vertreter sagt: „Die Menschen denken nicht auf Deutsch, Englisch, Chinesisch oder Apache." (Pinker 1998, 70) Die Idee ist so neu nicht. Es geht um die Gedankensprache. Die Gedankensprache ähnelt wahrscheinlich jeder Sprache ein wenig. Vermutlich besitzt sie Symbole für Konzepte und Symbolanordnungen, die angeben, wer wem was getan hat. Doch im Vergleich mit einer jeden anderen Sprache muss Mentalesisch in gewisser Weise ausführlicher und in gewisser Weise auch einfacher als sie sein. Kontextabhängige Wörter und Konstruktionen – wie *ein* und *der* – fehlen, und Informationen über die Aussprache von Wörtern oder ihre Anordnung sind überflüssig. Es könnte durchaus sein, dass Sprecher des Deutschen gewissermaßen in einem vereinfachten und Quasi-Deutsch denken und Sprecher des Apache in einem vereinfachten Quasi-Apache. Aber damit diese Gedankensprachen logisches Denken ermöglichen, müssen sie einander sehr viel ähnlicher sein als ihren jeweiligen gesprochenen Pendants; wahrscheinlich sind sie sogar gleich und bilden ein universales Mentalesisch.
Eine Sprache zu beherrschen heißt also, zu wissen, wie Mentalesisch in Wortketten zu übersetzen ist und umgekehrt. Menschen ohne eine Sprache verfügen dennoch über Mentalesisch. Babys und viele nichtmenschliche Lebewesen beherrschen vermutlich einfachere Dialekte davon. Ja, beherrschten Babys kein Mentalesisch, das sie ins Deutsche und zurück übertragen könnten, so wäre unklar, wie sie dann überhaupt Deutsch lernen könnten.
Sie merken schon, dass hier viel Spekulation und Phantasie im Spiel ist. Karl Kraus war jedenfalls ganz anderer Meinung: „Die Sprache ist die Mutter, nicht die Magd des Gedankens." Karl Kraus, Fackel 288, S. 14, Pro domo et mundo

27. Mythen der Sprache und der Kommunikation

Um die Sprache ranken sich allerlei Mythen. Ein sprachlicher Mythos ist die biblische Geschichte, wie Adam umherwanderte und den Tieren Namen verpasste. Die Grundidee ist, Menschen könnten irgendwie bestimmen, wie irgendwas heißt, und was der Sinn von Wörtern ist.

Was ist ein Mythos? Mythen sind irgendwie fest in Geschichten, in Erzählungen aus alter Zeit. Aber wie wird aus einer Erzählung ein Mythos? Solche Erzählungen sind irgendwie spektakulär, irgendwie außergewöhnlich. Damit schwindet der Wahrheitsanspruch, aber die Attraktivität steigt.

Auch die babylonische Sprachverwirrung als Erklärung der Sprachenvielfalt und Abschied von der einen Ursprache kann als Mythos gesehen werden. Er hat seine Quelle hier:

> Wohlauf, lasst uns herniederfahren und dort ihre Sprache verwirren, dass keiner des andern Sprache verstehe!
> (1. Mose 11, 7)

Mythen mögen sich verfestigen zu kollektiven Vorstellungen, die etwas erklären, die aber auch von vielen als irrational gesehen werden.

Natürlich kommen solche Mythen nicht irgendwie gekennzeichnet daher. Dazu ein Mythos zur Entstehung der deutschen Sprache. Auch hier wieder die Idee, ein Individuum könne über die Sprache bestimmen.

Der Mythos: Luther der Schöpfer der deutschen Sprache.

> In Deutschland hat Luther . . . unendlich Verdienst. Er ist's, der die deutsche Sprache, einen schlafenden Riesen, aufgewecket und losgebunden. Er ist's, der die scholastische Wortkrämerei, wie jene Wechslertische, verschüttet. Er hat durch seine Reformation eine ganze Nation zum Denken und Gefühl erhoben.
> (Johann Gottfried Herder)

Wer so etwas als Mythos benennt, sieht die Sache kritisch und sollte vielleicht argumentieren.

Dabei sind zwei Aspekte zu betrachten:

1. Die Idee, einer könne eine Sprache schaffen.
2. Die historische Frage, was Luther vollbracht hat.

Der Mythos, einer könne eine Sprache schaffen, scheint gestützt auf den verbreiteten Mythos, Gott habe die Sprache geschaffen. Und so erklärt ihn wohl Herder auch zum Schöpfer, in einer Art Heldenverehrung. Herder könnte durchaus Neuerungen gesehen haben. Aber die Übertragung auf die Sprache, auf eine ganze Sprache ist natürlich kühn, ein kühner Traum.

Was die Sprachgeschichte angeht, war Luther selbst auf jeden Fall weniger pathetisch:

> Ich habe keine gewisse, sonderliche, eigene Sprache im deutschen, sondern brauche der gemeinen deutschen Sprache, dass mich beide, Ober- und Niederländer, verstehen mögen. Ich rede nach der sächsischen Kanzlei. [. . .] Darum ist sie auch die gemeinste deutsche Sprache. Kaiser Maximillan und Kurfürst Friedrich haben im ganzen römischen Reiche die deutschen Sprachen also in eine gewisse Sprache gezogen.

Und tatsächlich: Historisch ist das Ganze anders zu sehen. Kanzleisprachen gab es in der Tat mehrere. Die Kanzleien versuchten sie anzugleichen und Idiosynkratisches zu vermeiden, um überregionales Verständnis und Geltung zu erreichen. Daneben haben schon lange die Buchdrucker die größten Regionalismen gemieden. Sie hatten großes geschäftliches Interesse an überregionaler Verbreitung. Und nicht zu vergessen, Deutsch wurde ohnedies schon lange vorher geredet und geschrieben, wenn auch in unterschiedlicher Ausprägung, aber in den wesentlichen Grundzügen gleich.

Weite Verbreitung und Verständlichkeit das war auch Luthers Interesse. Begünstigt durch den Buchdruck wurde seine Bibel eine Art Volksbuch. Mit dem Glauben verbreitete sich Luthers Varietät und wurde zu einem überregionalen Standard. Kurz gesagt: Luther wurde gelesen, so verbreitete sich seine Botschaft und als Huckepack die Sprache, in der sie formuliert war.

Als eine Art Warnung hier noch Titel für einige Mythen:

- Man kann das gleiche auch anders sagen.
- Es gibt schwierige und leichte Sprachen.
- Manche Sprachen sind einfacher zu lernen als andere.
- Es gibt primitive Sprachen.
- Sprachen sind wohl definiert und abgegrenzt.
- Die Bedeutungen von Wörtern sollten konstant bleiben.
- Sprache ist in den Köpfen der Sprecher.
- Die Medien ruinieren die Sprache.
- Die Jugend kann kein richtiges Deutsch mehr.
- In Bayern sprechen sie kein richtiges Deutsch.
- Sprachen haben einen gemeinsamen Ursprung.
- Sprachen können verfallen.
- Fremde Übernahmen gefährden unser Deutsch.
- Sprache ist ein Abbild der Welt
- Sprache ist ein Organismus.

Diese Mythen werden auch weiter ausgeführt. Oft rankt sich ein ganzes Geflecht um sie wie um den letzten. Als Organismus wachsen und gedeihen Sprachen, verkümmern und sterben. Auch schön blumig, treiben sie Knospen, Blüten bis hin zu Früchten aus sich selbst heraus.

Meistens ist wohl gedacht an Pflanzen in einem Gehege, das schön abgeschlossen ist und recht zu pflegen. In das Gehege können fremde Formen wie das Plural-s eindringen. Die zarten Pflänzchen können bedroht sein: Neue Formen breiten sich wie Ungeziefer aus. So mag dann die ganze Sprache verwildern. Sie wird durch den beständigen sorglosen Gebrauch im Dienste des bloßen Bedürfnisses, im gemeinen Lebensgebrauch verdunkelt und verwildert, wie Friedrich Schlegel schrieb.

Organsimen sind auch Krankheiten ausgesetzt. Da drohen allerhand Erreger. Sie breiten sich aus, infizieren Sprecher und Sprache, führen zu diversen Stilkrankheiten, bilden gar Geschwüre aus.

28. Ist Sprache Übereinkunft?

Schon Platon hat die Antwort gegeben: Die Sprache ist entstanden durch Übereinkunft. Das glauben und sagen heute noch viele. Doch die Annahme, dass irgendwann einmal die Sprache als Ganzes eingeführt wurde, vielleicht über eine Art Sozialvertrag, läuft in eine logische Sackgasse. Zur These von der Übereinkunft hat der amerikanische Philosoph Willard Van Orman Quine eine nette Episode erzählt: Als Kind habe er sich die Übereinkunft so vorgestellt, dass wie auf einem Rembrandt-Gemälde die weisen Ratsherrn mit weißen Stehkragen zusammengesessen hätten und die einschlägige Übereinkunft geschlossen hätten. Aber da schon der große Logiker in ihm schlummerte, habe er sich gefragt, welche Sprache die Weisen dabei wohl gesprochen hätten. So also geht es logisch nicht!

Überzeugender als mit einer vertraglichen Übereinkunft lässt sich die Kontinuität von Sprache mit dem Begriff der Konvention erklären. Wie Konventionen zustande kommen, kann man sich am Beispiel der Entstehung des Geldes klar machen. Grundlage des Tauschhandels ist, dass ein Individuum A etwas, sagen wir X, besitzt und dieses X nicht braucht. Es tauscht es gegen ein Y, das es braucht. Sein Partner B hat hingegen Y und braucht X. So werden beide mit einem Tausch zufrieden sein. Stellt man sich eine ganze Gesellschaft mit Tauschhandel vor, so wird derjenige öfter in einer schlechten Situation sein, der Xe besitzt, die nicht so gefragt sind, dafür aber ein gefragtes Y haben möchte. Für ihn wird es nun schon interessant sein, wenn er nicht ein Y eintauscht, sondern ein Z, das er zwar auch nicht braucht, das ihn aber dem Y näherbringt, insofern es leichter gegen Y eintauschbar ist als sein X. Wer so verfährt, wird auf lange Sicht wirtschaftlich erfolgreicher sein. Die andern werden es merken und ihm gleichtun.

Die Zs sind nun offenbar keine reinen Tauschgegenstände mehr, sondern Werte, bestimmt durch ihre Rolle im Tauschspiel. Bedenkt man nun noch, dass in der Praxis des Spiels die Erfahrung bald lehren wird, dass die Zs möglichst haltbar, gut teilbar, leicht transportierbar, gut absetzbar sein sollten, so sieht man sie zu Geld werden.

Das Geld ist also entstanden, ohne dass es erfunden oder absichtlich geschaffen wurde und ohne dass es naturgegeben war. Die beteiligten Individuen hatten nicht die Erfindung des Geldes im Sinn. Sie haben nur Tauschhandel betrieben und sind dabei auf bessere Strategien gekommen. Das wesentliche Prinzip ist Koordination. Auf dieser Basis sind wir jetzt noch weiter gekommen: Wir brauchen gar kein Geld mehr. Wir machen es rein symbolisch mit Zahlen über Guthaben – positiv und negativ. Das wusste schon Adam Smith: „All money is a matter of belief."

Auch Wörter können wir als solche konventionellen Werte auffassen. Wie das Geld im Warenaustausch erfüllen Wörter ihre Funktion in der Kommunikation. Es ist klar, dass die Sprecher eine Konvention nicht per Verabredung einführen können, weil sie die nötige Sprache nicht haben und weil ihnen die Konvention eher unbewusst bleiben mag. Wir denken uns das Ganze darum so: Anfänglich wird die Bedeutung der Äußerung nicht durch Sprache und Konvention gesichert. Der Sprecher ist auf ein ad-hoc-Verständnis angewiesen und dazu muss er seine Äußerung partner- und situationsbezogen gestalten. Darum wird er jene Äußerung wählen, von der er annimmt, dass der Partner sie in dieser Situation so verstehen kann, wie sie gemeint ist. Wenn dies mit einer Äußerung einmal gelungen ist, so ist es der beste Grund, in analoger Situation wieder eine Äußerung dieser Form zu wählen. Eine Präzedenz hat sich gebildet und, insofern dies beide wissen und voneinander wissen, ist es eine soziale Gewohnheit, eine Konvention dieser beiden geworden. Darauf muss sich die Kenntnis der beiden verbreiten, damit es nicht eine Art private Konvention bleibt.

Eine solche Erklärung erfasst Sprache als das nicht-intendierte, das ungeplante Resultat individueller Handlungen, ein „product of human action, but not the execution of any human design". Zwar mögen die Individuen in ihren Handlungen jeweils kurzreichende Absichten verfolgen (z. B. verstanden werden), sie beabsichtigen aber nicht das Produkt (die Konvention) und schaffen es in diesem Sinne auch nicht.

Die Sprache ergibt sich als das unreflektierte Ergebnis spezifischer individueller Bestrebungen, aus Millionen kleinster Lösungen, die aufeinander aufbauen und kumuliert werden. Das alles hat eine Komplexität, die kein Mensch überblicken oder antizipieren, geschweige denn in rationaler Überlegung vorplanen oder beurteilen könnte, was beispielsweise manch einen dazu verführte, einen göttlichen Schöpfer zu postulieren.

Aber die Sprache ist nicht nur beständig, sie ist auch ständig im Wandel. Der Wandel passiert. Wir müssen ihn nicht machen und wir können ihn nicht machen. De Saussure, Urvater der Linguistik, sah in der Sprache eine unaufhaltsame Maschine, „une machine qui marcherait toujours", die völlig unserem Willen entzogen ist und an der wir nichts ändern können: „Personne n'y peut rien changer".

Schon die Größe und die Unüberschaubarkeit der Sprache machen es unmöglich, dass Einzelne hier etwas ändern könnten. Aber vor allem können wir uns nicht einigen. Eine gültige Übereinkunft scheitert nicht nur an der Größe, sondern auch daran, dass wir alle ein bisschen was Anderes wollen. Wie sollte es da zu einer echten Einigung kommen?

Ach, wunderbar! Könnte man vielleicht denken. Dann muss man ja nichts tun. Lass die Maschine laufen! So einfach ist es aber nicht. Sprache ist so wie Moral: Jedes Individuum ist selbst verantwortlich. Wir alle verfolgen kommunikative Ziele in unserem Sprechen, und wir wollen das Bestmögliche bei unserem Partner erreichen. Wir wollen verstanden werden. An der kulturellen Evolution sind wir insofern alle beteiligt. Wir liefern das Futter der Evolution, weil wir verstanden werden wollen.

29. Eine Sprache beherrschen. – Wie soll das gehen?

Tatsächlich ist eine der häufigsten Verbindungen mit *beherrschen*: eine Sprache, seine Muttersprache, eine Fremdsprache und damit verbundene Fähigkeiten. Es geht – linguistisch gesprochen – um Sprachkompetenz.

Eine Sprache beherrschen wird im Normalfall so verwendet wie eine Sprache können. Und dann mit Einschränkungen: Perfekt oder nur rudimentär, schriftlich und mündlich und dazu dann noch die Rechtschreibung. Oder schon etwas besonders: Die mathematische Sprache beherrschen oder gar die Sprache der Verharmlosung.

Ein paar Verrückte behaupten auch: Es gibt ernsthaft Papageien, die die menschliche Sprache können. Andererseits wird auch von Menschen gesprochen, die die Sprache gut beherrschen und das Land dennoch oder just deshalb fließend missverstehen.

Klar ist, dass es hier nicht darum geht, dass die Sprecher jeweils Macht über die Sprache hätten, sie nach Gutdünken richten könnten. Sie sind ihre Nutznießer.

In vielen Zusammenhängen ist die Frage: Wie gut kann jemand Deutsch? Bei deutschen Muttersprachlern denkt man vielleicht, alle könnten die Sprache gleich gut. Auf der anderen Seite wissen wir

- dass es Menschen gibt, zum Beispiel Schriftsteller, die es besonders gut können,
- dass wir alle langsam und im schulischen Zusammenhang auch mühsam und unterschiedlich gut Deutsch lernen.

Von der Schule her wissen wir, dass man die Deutschkenntnisse auch prüfen kann und das soll mittlerweile auch in beruflichen Zusammenhängen eine Rolle spielen. Je relevanter diese Beurteilung wird, umso objektiver und valider sollte auch das Beurteilungsverfahren sein. Das gilt natürlich besonders bei Deutschprüfungen für Nicht-Muttersprachler.

Für Prüfungszwecke hat man die Sprachkompetenz auch unterteilt:

- Wie gut kann jemand schreiben?
- Wie gut kann jemand lesen und verstehen?
- Wie gut kann jemand mündlich kommunizieren?

Im Detail versucht man das in etwa so zu beschreiben:

> Hierzu werden dann im Gemeinsamen Europäischen Referenzrahmen Sprachniveaustufen festgelegt. Das Sprachniveau gliedert sich demnach in sechs Stufen von A1 (Anfänger) bis C2 (Experten).

Das ist natürlich erst mal eine äußerliche Einteilung, die eher nichts sagt darüber, wer was können sollte. Darum wird versucht, weiter zu definieren nach den sprachlichen Fähigkeiten.

A1

Kann vertraute, alltägliche Ausdrücke und ganz einfache Sätze verstehen und verwenden, die auf die Befriedigung konkreter Bedürfnisse zielen. Kann sich und andere vorstellen und anderen Leuten Fragen zu ihrer Person stellen und kann auf Fragen dieser Art Antwort geben.

A2

Kann Sätze und häufig gebrauchte Ausdrücke verstehen, die mit Bereichen von ganz unmittelbarer Bedeutung zusammenhängen. Kann sich in einfachen, routinemäßigen Situationen verständigen, in denen es um einen einfachen und direkten Austausch von Informationen über vertraute und geläufige Dinge geht.

B1

Kann die Hauptpunkte verstehen, wenn klare Standardsprache verwendet wird und wenn es um vertraute Dinge aus Arbeit, Schule, Freizeit usw. geht. Kann sich einfach und zusammenhängend dazu äußern. Kann über Erfahrungen berichten, Träume, Hoffnungen und Ziele beschreiben und zu Plänen und Ansichten kurze Begründungen oder Erklärungen geben.

B2

Kann die Hauptinhalte komplexer Texte zu konkreten und abstrakten Themen verstehen. Kann sich so spontan und fließend verständigen, dass ein normales Gespräch mit Muttersprachlern ohne größere Anstrengung auf beiden Seiten gut möglich ist. Kann sich zu einem breiten Themenspektrum klar und detailliert ausdrücken, einen Standpunkt zu einer aktuellen Frage erläutern und die Vor- und Nachteile verschiedener Möglichkeiten angeben.

C1

Kann ein breites Spektrum anspruchsvoller, längerer Texte verstehen und auch implizite Bedeutungen erfassen. Kann sich spontan und fließend ausdrücken, ohne öfter deutlich erkennbar nach Worten suchen zu müssen. Kann sich klar, strukturiert und ausführlich zu komplexen Sachverhalten äußern und dabei verschiedene Mittel zur Textverknüpfung angemessen verwenden.

C2

Kann praktisch alles, was er / sie liest oder hört, mühelos verstehen. Kann Informationen aus verschiedenen schriftlichen und mündlichen Quellen zusammenfassen und dabei Begründungen und Erklärungen in einer zusammenhängenden Darstellung wiedergeben. Kann sich spontan, sehr flüssig und genau ausdrücken.

Für Prüfungen kommt nun die wichtige Frage hinzu:

- Wie gut kann man und wie verlässlich kann wer diese Sprachfähigkeiten beurteilen?

Sie können sich vorstellen, dass hier viel Subjektivität im Spiel sein wird. Ja, dass sogar fraglich sein wird, wie gut und wie begründet die jeweilige Auswahl und vor allem auch die Beschreibung ist. Vor allem sind ja Prüfungen nicht real life und es bleibt fraglich, wie weit das Geprüfte real ist.
Dies wäre dann eher ein Spezialthema.

Hier noch zu einem anderen Aspekt unseres Themas, nämlich der Frage, ob und wie irgendjemand die Sprache beherrscht in dem Sinn, wie ein Herrscher ein Land beherrschen kann. Kann jemand etwas an der Sprache, an unserer gemeinsamen Sprache ändern? Und wenn er es könnte, hätte er ein Recht dazu?

Wenn Sprache Übereinkunft wäre, dann könnten wir gemeinsam die Sprache ändern. Das wäre vielleicht vorstellbar, aber unrealistisch, weil wir uns nicht einigen können. Tatsächlich versuchen Sprachkritiker bestimmter Couleur über einen Umweg dahin zu kommen in ihrem Appell, es müsse eine gemeinsame Norm geben und wir sollten sie der Einheitlichkeit halber einhalten. Sie thematisieren natürlich nicht, dass es sich da nicht um echte Übereinkunft handelt. Denn die Sprachkritiker und Sprachpfleger sagen, wie das Sprechen auszuschauen hat, und die Adepten mögen bitte folgen. Wer das als Übereinkunft darstellt, sollte der Sprachkritik anheimfallen. Und ins Autokratische driftet das sowieso.
Der Mythos der Beherrschbarkeit wirkt noch in anderen Hinsichten. Unsere persönliche Erfahrung sagt uns, dass

- wir unseren Sprachgebrauch ändern können,
- wir uns verbessern können,
- wir neue Sprachen lernen und beherrschen können.

Da liegt es nicht fern, dass wir auch die deutsche Sprache ändern können, obwohl wir doch alle die gegenteilige Erfahrung machen. Auf diesem Paradox gelingt es, die Sorge um die deutsche Sprache zu wecken und gar zu verlangen, man müsse so und so reden, um das Deutsche hoch zu halten, zu retten gar. So werde ich in Verantwortung für die deutsche Sprache gebracht.

Ein Korollar dieser Art Beherrschbarkeit ist die Idee, man könne Sprache steuern. Da ist einmal die unschuldige Ausformung, es gebe Sprecher, die besonders gut Deutsch können, und an deren Vorbild sollten wir uns alle halten. Sinnigerweise sind das meist gerade sie, die uns auch noch sagen, was wir da zu tun hätten.

> „Im Kern liegt das Problem populärer Sprach- und Stilratgeber aus linguistischer Sicht in der meist impliziten Annahme, [. . .] dass es an der Spitze einer Sprachbevölkerung Instanzen gibt, die entscheiden können, dürfen und sollen, was sprachlich richtig und was falsch ist" (Maitz/ Elspaß 2007, 516).

Hierzu gehören die Sprachpäpste: Nicht gewählt – nicht einmal im Konklave, sondern selbsternannt.

Die weniger unschuldige Variante der Steuerung ist der Horror vor Manipulation. Danach gibt es Sprecher und Institutionen, die unsere Sprache steuern, die wir leider nicht dingfest machen können. Da ist natürlich was dran. Wer die Macht hat, zu vielen zu sprechen, dessen Sprachgebrauch wird verbreitet und für normal gehalten und übernommen. So geht Sprachwandel.

30. Was hat die Schrift der Menschheit gebracht?

Vor Jahren hat mir eine Kollegin diesen Brocken geschenkt. Sie sagte, es sei ein Stück einer sumerischen Tontafel mit Keilschrift. Ich habe ihr geglaubt.
Habe nicht geforscht, ob das Teil authentisch ist oder nur etwas für Touris.

Ich sitze etwas ratlos vor dem Stein: Ich weiß nicht, wie ich ihn halten soll, wo oben und unten ist, wo rechts, wo links. Und natürlich weiß ich auch nicht, ob man die Schrift von rechts nach links oder von links nach rechts liest oder von oben nach unten. Ich sitze irgendwie davor wie ein Forscher, der zum ersten Mal so etwas findet.

Schriftforscher – wie sie vielleicht genannt werden – wissen allerdings viel – wenigstens behaupten sie das.
Ich bezweifle nicht, dass es sehr viele solche Funde gibt, vor allem mehrere Tausend Tontäfelchen, die noch wesentlich älter sind.
Was also sehen Schriftforscher hier?

Es heißt, die daumenartigen Abdrücke stünden für die Eins und drei davon also für drei. Das wäre rein ikonisch: eine eins-zu-eins-Zuordnung von Zeichen und Bezeichnetem. Beiden sind die entscheidenden Eigenschaften gemeinsam. Aber mit dieser Darstellung kamen die Menschen nicht weit. Oder waren Menschen, die nur bis drei zählten, so klug, dass sie ihre Waren zu Dreier-Paketen zusammenfassten? Vielleicht haben auch die tiefen Löcher oben was zu sagen. Möglicherweise standen sie für eine größere Anzahl. Da wäre dann das ikonische Prinzip schon weiter entwickelt. Die Beteiligten können nicht mehr so leicht ihre Schlüsse ziehen. Sie müssen die Konvention, die Bedeutung des Zeichens kennen. Darum ist es für Entschlüssler auch so angenehm, wenn sie die Zeichen ikonisch deuten können. Ob das allerdings stimmt, ist eine andere Frage. Vielleicht wurden sie durch Einfachheit und Plausibilität verführt.
Am Anfang habe ich über die Leserichtung gesprochen. Da hatte ich schon unsere Brille auf. Vielleicht handelt es sich gar nicht um einen fortlaufenden Text. Warum sind denn einzelne Regionen abgetrennt durch Striche? (Oder glauben Sie, das seien auch Schriftzeichen?) Vielleicht ist das Eingezäunte jeweils eine Kartusche, wie sie in der Hieroglyphen-Schrift vorkommen. In jeder Kartusche ist sozusagen eine Lieferung erfasst: Worum es geht und wie viel davon.
Sie merken schon: Mich würde nicht die Darstellung interessieren, was ist oder was war. Viel wichtiger wäre mir, wie die Forscher draufgekommen sind. Denn je mehr ich lese umso mehr wachsen meine Zweifel.
Was mir besonders missfällt, ist der Zungenschlag, der alles so darstellt, als hätten diese Menschen die Schrift gebraucht, um ihre wirtschaftliche Tätigkeit zu verbessern und dann hätten sie sie geschaffen. Dabei entgeht jedem Leser, dass so viele Dinge und Institutionen eine evolutionäre Geschichte haben, sich langsam entwickelt haben und vor allem logisch gar nicht angefangen haben können mit der Idee, so etwas zu schaffen.

Darum wird man hier auch eine Art Koevolution von Schrift und Wirtschaft ansetzen. Irgendwer hat mal damit angefangen, etwas aufzuzeichnen und hatte damit wirtschaftlichen Erfolg. Das haben auch andere gesehen und so wurde im Wirtschaftsgeschäft die Methode langsam weiterentwickelt, und zwar gemeinsam, nicht durch einen kreativen Geist, der alles auf einen Schlag schafft.
Zweifelsfrei scheint mir allerdings, dass durch die Schrift das externe Gedächtnis der Menschheit gegeben ist. Schon die geschäftsstützenden Tontäfelchen waren ja wohl dazu da, etwas festzuhalten. Das ist der Sinn der Schrift, egal zu welchem Zweck und für welche Dauer etwas festgehalten wird.
Wie dieses externe Gedächtnis aussieht und vor allem, wie groß es ist, können wir uns heutzutage mit dem Internet veranschaulichen. Natürlich weiß keiner genau, wie groß das Internet ist. Öfter ist die Rede von 5 Millionen Terabyte. Das möchte ich nicht ausschreiben, es geht um etwa $5*10^{12}$ Bytes. Dazu muss man wissen, dass ein Byte schon aus acht Zeichen besteht. Es sind acht Positionen, acht Bits, deren jede zwei Zustände annehmen kann, was in der Regel durch 0 und 1 dargestellt wird. Was die Zahl besagt ist unsicher. Auf jeden Fall wurde das Meiste davon geschrieben. Das Meiste sage ich, weil im Internet auch Bild und Ton zu finden ist. So auch unser Tontäfelchen oben. Das Internet wird außerdem täglich aufgefüllt, mit neuem Text und mit altem. Da hilft uns nur Suchen und Selegieren. Und damit wird die Methode das Wichtigste und ihre Begründung. Für manch einen könnte es heilsam sein, wenn er realisiert, mit wie wenig er sich begnügt und was für kühne Schlüsse er aus dem Wenigen zieht. Aber es ist die conditio humana, dass wir so selbstbezogen sein müssen. Das Internet hat uns wenigstens dafür die Augen geöffnet. Oder?

Auch das Unzuverlässige, das Uninteressante gehören dazu, gehören ins Gedächtnis der Menschheit.

Das früh Festgehaltene gibt uns auch Stoff für unsere Phantasie. Wir können uns Gedanken machen, wie diese Menschen gelebt haben, vor allem ob wir mit den Funden dazu etwas rausbekommen. Allerdings nicht mit freischwebender Phantasie, sondern mit kriminalistischer Methode, in der die Fakten zählen und alle Schlussfolgerungen fundiert sein müssen.

Ausklang

Wenn von der Entstehung der Schrift die Rede ist, dann meint man die Entstehung eines Zeichensystems, mit dem man Informationen festhalten kann. Die Schrift gibt es konkret nicht. Wir haben es immer mit verschiedenen, oft verschiedenartigen Schriften zu tun.

Wenn von der Entstehung der Schrift die Rede ist, dann fallen oft drei Flussnamen: Indus, Euphrat und Nil. Frühe Schriften sind aber auch anderswo entstanden, so in China und später bei den Maya. Es ist verständlich, dass die Ausgangsfrage meist verbunden wird mit einer archäologischen Betrachtung. Aber Schriften sind auch in jüngerer Zeit entstanden und vielleicht kann man da die Prinzipien besser verfolgen.

Wenn von der Entstehung der Schrift die Rede ist, dann stellt sich oft die Frage: Bild oder Schrift? Diese Frage kann befriedigend nur beantwortet werden mit einer Typologie von Zeichen und mit der Entwicklung solcher Systeme. Denn wie überall bei menschlichen Institutionen ist der genetische Blick angebracht, wenn man sie verstehen will.

Zu unserer Ausgangsfrage bleibt noch etwas Wichtiges zu sagen: Die Schrift war ein frühes Mittel, um über Entfernungen zu kommunizieren. Der Autor konnte seinen Willen über Entfernung dem Adressaten kundtun. Es war kein Mittler dazwischen, der den Text aus dem eigenen Kopf hersagte.

Viel wichtiger noch: Die Schrift ermöglicht uns das historische Gedächtnis. Alles Festgehaltene kann Zeiten überdauern. Es hat keinen bestimmten Adressaten mehr. Den kann es zwar gehabt haben, aber das schriftlich Festgehaltene wird zum Allgemeingut.

31. Geheimsprachen – sind sie zu knacken?

Gebeschibichtebe abals Spiobionabagebe-Stoboriby: Deber Kribieg wabar fübür dibie Deubeutscheben schobon habalb veberloboreben, abals dibie Ebengläbändeber dibie Ebenibigmaba ebentzabaubebert habatteben. (http:/ / www.ashberg.de/ bsprache/)

Vielleicht haben Sie als Kind auch die bi-Sprache gelernt. Sie war kreativ und lustig. Zu schreiben sei sie etwas schwer, sagen die Könner, aber sprechen ginge perfekt. Das Beispiel habe ich nicht geschrieben. Im Internet (unter der angegebenen Adresse) können Sie selbst mit Übersetzungen spielen.
Diese Geheimsprache war eher ein Kinderspiel. Ein anderes verwendete eine einfache Umkodierung von Buchstaben. Eine entsprechende Scheibe soll schon Julius Cäsar gehabt haben. Dabei wird jedem Buchstaben der einen Kodierung genau einer der anderen zugeordnet. So wird ENIGMA zu RAVTZN.

A B C D E F G H I J K L M N O P Q R S T U V W X Y Z
N O P Q R S T U V W X Y Z A B C D E F G H I J K L M

Das Verfahren war für Tagebücher beliebt, wurde von Ludwig Wittgenstein in den sog. Geheimen Tagebüchern verwendet. Als Kinderspielzeug wurden die kleinen Kodiermaschinen genutzt wie die „réglette de St. Cyr" aus der südfranzösischen Militärhochschule. Sie sind aber ein großer Fortschritt gegenüber der simplen eins-zu-eins-Kodierung. Der Fortschritt beruht darin, dass der Kode variabel ist. Bei dieser Einstellung hier würde ENIGMA kodiert zu NWRPVJ. Verschiebt man den Schieber, wird ein anderer Kode eingestellt und es kommt etwas Anderes heraus.

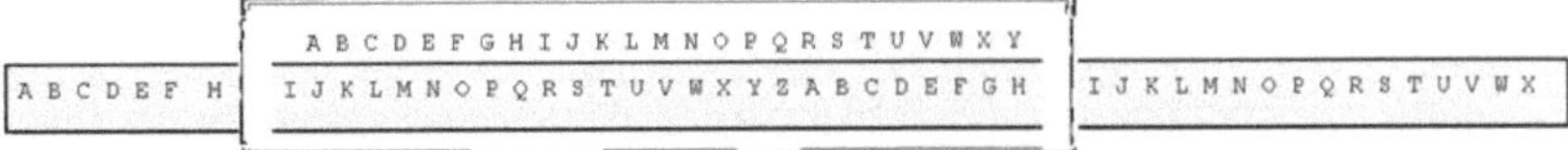

Die réglette legt also keinen Kode fest. Der Partner braucht nur die Einstellung, dann kann er den Kode erzeugen. Er braucht nur einen Schlüssel. Der ist nun das eigentliche Geheimnis von A und B. Dennoch ist ein solches Maschinchen leicht zu knacken. Nicht mit der Methode von Umberto Ecos mittelalterlichem Meisterdetektiv: „Die erste Regel beim Entziffern einer Geheimbotschaft ist, zu raten, was sie uns sagen will."
Man muss nicht groß raten. Immer wird hier je ein Buchstabe ersetzt durch je einen anderen. Der Knackpunkt: Wenn man ein bisschen linguistische Ahnung von der jeweiligen Sprache hat, kommt man schon weit. Wenn man weiß, wie frequent die Buchstaben in deutschen Texten sind, kann man die Frequenzen im kodierten Text ermitteln und entsprechend die Buchstabenpärchen. Hier die Häufigkeit der Buchstaben im Deutschen.

Platz	**Buchstabe**	**Relative Häufigkeit**
1	<E>	17 %
2	<N>	10 %
3	<I>	7 %
4	<S>	7 %
5	<R>	7 %
6	<A>	6 %
7	<T>	6 %
8	<D>	5 %
9	<H>	5 %
10	<U>	4 %
11	<L>	4 %

Nehmen Sie an, Sie bekommen diese Rangfolge der Buchstaben in einem kodierten Text:

R	104
A	65
V	55
E	49
U	45
N	42
G	40

Daraus können Sie schließen,
dass r = e und a = n.
Die sind nach der Gesamtliste ja klar zu unterscheiden. Schwieriger wird es auf den Rängen 3 bis 7. Hier sind die Unterschiede so gering, dass wir uns nicht trauen, Gleichungen aufzustellen. Aber auch hier kommen wir statistisch weiter.

Wir betrachten dazu Zweierfolgen für das Deutsche und vergleichen mit dem Geheimtext. Im Deutschen schaut die Reihenfolge der Buchstabenpärchen etwa so aus:

ER > EN > CH > DE > EI > IN > TE > IE > GE > ND > UN

Vergleicht man sie mit den Folgen im Geheimtext, kommt man noch weiter. Außerdem könnte man die Verteilung der Buchstaben am Wortanfang oder am Wortende vergleichen. So wird es ein Leichtes, den Cäsar-Kode zu knacken. Übrigens als Tipp: Je länger ein Text, umso leichter ist er zu entschlüsseln. Auch hier läge in der Kürze die Würze.
Geheimsprachen dienen in einer Dreierkonstellation mit verschiedenen Rollen: Zwei Partner A und B möchten miteinander kommunizieren, ohne dass ein E sie versteht. Sie sehen E vielleicht als Eindringling, der von außen mithören will. Die Geheimsprache sichert die Freiheit der Rede, die Selbstbestimmung der Kommunikation. Sie sichert Vertraulichkeit und Vertrauen, das soziale Fundament der Kommunikation. Allerdings ist da noch der E, der eben ausgeschlossen wird und der Anstrengungen unternehmen wird, dabei zu sein. Darum bleiben immer noch zwei wie-Fragen:

- Wie schafft es E, den Kode oder den Schlüssel zu knacken?
- Wie schaffen es A und B, dass E das nicht schafft?

In neuerer Zeit gab es in Bezug auf Kodierung und Geheimsprachen große Fortschritte (wie überhaupt in der Welt?). Es gibt eine einschlägige Wissenschaft: die Kryptologie, eine Art angewandter Mathematik. Ihr geht es einerseits darum, verwendete Verschlüsselungen zu entschlüsseln, andererseits, die unknackbare Verschlüsselung zu finden. Die Kryptologen behaupten jetzt, sie hätten den unknackbaren Kode gefunden und könnten es sogar beweisen. Skeptiker werden vielleicht sagen: Warten wir mal ab.

In neuerer Zeit ist eine neue Nutzung von Schlüsseln wichtig geworden. Es geht nicht mehr darum, verschlüsselte Botschaften zu übermitteln, sondern darum, sich mit einem Schlüssel zu identifizieren oder zu authentifizieren. Hierzu dienen Passwörter, PINs oder Kennwörter oder wie immer das Gleiche genannt wird. Nur ich kenne mein Passwort. Wenn ich es gegeben habe, komme ich in einen abhörsicheren Raum, in dem ich meine Botschaft offen vermitteln kann. Natürlich bin ich nicht der Einzige, der das Passwort kennt. Die Maschine kennt es sowieso; sie ist die Türwächterin. Zwischen A und B braucht es nun keine Geheimsprache mehr. Hauptsache kein E hört mit! Sonst könnte es bei Bankgeschäften teuer werden.

Was die Sprachfähigkeit des Menschen betrifft, wäre eine wichtige Frage: Welche Art von Geheimsprachen sind lernbar? Die bi-Sprache – bekunden Sprecher – konnten sie perfekt lernen und sprechen:

> Ich hab als Kind die bi-Sprache gelernt und kann sie immer noch fließend.
>
> Ich hab das von meinem Opa. Das gibt's also schon ewig. Oh Mann, ich kann's sprechen, aber schreiben ist echt schwer. Und erklären? Nee, sorry, da kapitulier ich sogar als Sprachenstudent.

Manche Verfahren sind eher universal. So können Sie mit dem amerikanischen pig latin auch deutsches Schweinslatein erzeugen.

> Eibtblay umzay Ussschlay ochnay ieday Eschichtegay onvay Enigmaway. Ieday Enigmaway altgay uzay ihrerway Eitzay alsway ieday unknackbareway Iffriermaschinechay.
>
> anslaedtray ybay:
>
> (http:/ / www.snowcrest.net/ donnelly/ piglatin.html)

Für solche Spielereien gibt es natürlich keinen Knackbedarf. Auch nicht für Argots, die eher Gruppenzugehörigkeit zeigen. Denn die sollen ja für die ganze Gruppe verständlich sein.

Die modernen Verschlüsselungen sind nicht zum Sprechen da. Sie sind auch nicht für menschliche Kommunikation gedacht. Darum entwickeln sie gerade Verfahren, die der menschlichen Sprachfähigkeit zuwiderlaufen.

In neuerer Zeit wird im Internet SSL-Verschlüsselung verlangt. Da wird der elektronische Text in Blöcke zerlegt in mehreren Runden verschlüsselt. Wir können nur hoffen, dass stufenweise auch die Schlüssel verschlüsselt werden. Das so Verschlüsselte sei bis heute nicht knackbar. Aber irgendwo hab ich gelesen, man könne das Schlüsselzertifikat auch bei der NSA bekommen. Ja, Bock und Gärtner.

Bleibt zum Schluss noch die Geschichte von Enigma. Die Enigma galt zu ihrer Zeit als die unknackbare Chiffriermaschine. Sie wurde alsbald vom deutschen Militär in Beschlag genommen. Es heißt, während des Zweiten Weltkriegs seien mehr als 30.000 Maschinen produziert worden.

Die Maschine sah ein bisschen aus wie eine große Schreibmaschine. Im Inneren liefen nebeneinander drei Walzen, so ähnlich wie bei einem Zahlenschloss. Nach jedem gedrückten Buchstaben standen sie in einer neuen Konstellation, sodass jeder Buchstabe auf eine andere Weise verschlüsselt wurde.

Wie die Entschlüsselung funktionierte, ist eine andere Frage. Historisch von Belang ist: Dem berühmten Mathematiker Alan Turing gelang es mit Helfern, die Kodierung zu knacken. So konnten die Engländer über Jahre mitlesen. Und das war ja vielleicht im Sinne der Menschheit nützlich.

Hier bitte noch etwas eher Entspannendes.
Die Löffelsprache – eine Geheimsprache nenn ich sie mal – hat mit der Silbenstruktur zu tun, die Sprechern bewusst ist. Auch das französische Verlan konnten die Metzger ohne Probleme sprechen. Nicht eigentlich eine Geheimsprache, eher eine Art Jargon, mit dem man zeigte, dass man dazugehört.

Il a pécho sa meuf dans le métro ce ouf.
Il a chopé sa femme dans le métro ce fou.
Er hat seine Frau in der metro gekauft, der Blödmann.

Hier werden einfach die Silben bestimmter Wörter vertauscht. Das tun heute noch Jugendliche mit einzelnen Wörtern, vielleicht weil es schick oder irgendwie attraktiv ist.
Recht verschlüsselt wird das wohl nicht sein.

Auf Deutsch könnte ein Verlan dann so aussehen:

Du bist wie eine Meblu
so hold und schön und rein;
ich schau dich an und Mutweh
schleicht mir ins Herz neinhi.

Nun könnten Sie sich auch kenden, womit sich das GOTAN Project befasst.

32. Kann man eine Sprache kritisieren?

Eine eigenartige Frage. Trotzdem wurde sie schon öfter mit „ja" beantwortet. Sprachliche Entwicklungen wurden kritisiert oder gar Sprachstrukturen und Vorschläge gemacht zur Verbesserung, was ja wenigstens dem Klischee der konstruktiven Kritik entspricht.
In letzter Zeit hat der Tod des Genitivs große Aufmerksamkeit genossen. Er soll vom Dativ gefressen werden. Ob das so schlimm wäre? Sicher ist aber, dass das noch sehr lange dauern würde und wir uns zu Lebzeiten nicht sorgen müssten. Eine Konstruktion, die auf einem Feld des Genitivs wildert, ist *der Königin ihr Kind* – wie es im Rumpelstilzchen heißt, das ja mit den Brüdern Grimm nicht gerade von sprachlich Unbedarften aufgeschrieben wurde – statt *das Kind der Königin* oder gar *der Königin Kind*. Es sollen hier nicht die vielen Sprachen aufgezählt werden, die die inkriminierte Konstruktion kennen, aber doch eine kurze Charakteristik.
Der Dativ, um den es geht, wird auch possessiver Dativ genannt. Denn er drückt ein Besitzverhältnis aus: das Kind gehört der Königin. Das ist wohl etwas brutal formuliert, wie Grammatiker eben sind. Besser ist da oft ein plastisches Fremdwort, das man mit Leben füllen kann. Der schlimme Dativ ist hier Ausdruck des inalienablen Besitzes: das Kind gehört unveräußerlich zur Königin. Wenn man es so ansieht, erkennt man auch, dass damit Empathie ausgedrückt wird. Das kann der Genitiv nicht. (Darob muss man ihn nicht gleich fressen.) Inalienabel sind die eigenen Körperteile: *der Anja ihre Augen* und so Gefasstes: *dem Jan seine Frisur*. Man wird nicht befürchten müssen, dass die Konstruktion ihr Feld auswildert. Es gibt sie schon ewig und sie ist gleich geblieben. So kommen einem heute noch die Tränen, wenn man den althochdeutschen Pferdesegen liest:

> Phol ende Uuodan vuorun zi holza.
> du uuart demo Balderes volon sin vuoz birenkit.

Also, da wurde dem armen Fohlen sein Fuß verrenkt.

Zurück zur Form von Sprachkritik, in der eine Sprache kritisiert werden soll. Das berühmteste einschlägige Buch ist das von Gustav Wustmann über Sprachdummheiten, das seinerzeit Furore machte. Erschienen ist das Opus Ende des 19. Jahrhunderts und hat mehr als 13 Auflagen erlebt. Jetzt noch bekommt man es gebraucht mit Bemerkungen des Nutzers und gar als Book on Demand. Und das alles, obwohl Wustmann selbst schon 1903 klagte: „Mein Buch hat zwar großen äußeren Erfolg gehabt, aber doch eigentlich wenig genützt." Da ist man doch gespannt, was der Sprachpfleger so auf dem Kieker hatte und woran er gescheitert ist. Vielleicht ein paar originale (originelle?) Kostproben:

> Jeden Zwanges oder jedes Zwanges?
>
> Zu den unbehaglichsten Kapiteln der deutschen Grammatik gehört die Deklination zweier miteinander verbundner Nomina, eines Substantivs und eines Adjektivs. Heißt es: jeden Zwanges oder jedes Zwanges? [. . .] So unwichtig die Sache manchem vielleicht scheint, so viel Verdruß oder Heiterkeit (je nachdem) bereitet sie dem Fremden, der Deutsch lernen möchte, und so beschämend ist es für uns Deutsche selbst, wenn wir dem Fremden sagen müssen: Wir wissen selber nicht [. . .] Mit einigem guten Willen ist aber doch vielleicht zu ein paar klaren und festen Regeln zu gelangen. [. . .]
>
> Falsch ist: die Abwehr jeden Zwanges; richtig ist nur: die Abwehr jedes Zwanges oder eines jeden Zwanges.
>
> (Gustav Wustmann: Allerhand Sprachdummheiten 1911, S. 25)

Etwas belangvoller ist schon:

> Eine deutsche Mutter sollte sich schämen, ihr Kind Baby zu nennen. (Wustmann 1911, S. 439)

Da würden Sie gewiss denken, das sei aus einer anderen Zeit. Aber die argumentative Grundlage finden Sie heute genauso.

Und da sind dann noch die Dauerbrenner, bei denen sich eben zeigt, dass nicht einfach eines richtig und das andre falsch ist:

Andern, andren oder anderen?
Wir Deutsche oder wir Deutschen?
Größtmöglichst?
Derselbe oder der Gleiche?
Ich bin gestanden oder ich habe gestanden?
Speisenkarte oder Speisekarte?
Eine Menge Leute war oder waren?

Wenn wundert es, wenn Karl Kraus – ein kluger Sprachkritiker – von ihm sagt: „Der Wustmann ist ein überaus gewissenhafter Grammatiker, der „Allerhand Sprachdummheiten" gesammelt hat, unter denen es ihm auch gelungen ist seine eigenen unterzubringen."

Aber zurück zu unserer Ausgangsfrage. Eine Sprache wird hier gar nicht kritisiert. Denn die deutsche Sprache kennt ja beide Konstruktionen, und zwar schon seit ewig. Was hier kritisiert werden soll, ist der Gebrauch, den Sprecher und Sprecherinnen von ihr machen. Der Kritiker und die Kritikerin meinen, wir und ich sollten einfach anders reden. Da aber hat mir, wenigstens mir und auch Ihnen, keiner was zu sagen. Und auf jeden Fall nicht ohne gute Argumente.
Aber natürlich können wir immer noch lernen, könnten besser reden und schreiben.

33. Was wäre die beste Sprache? – Für Sie!

„Ce qui n'est pas clair, n'est pas français." Alles klar? „Was nicht klar ist, ist nicht Französisch." Gemeint ist hier die Sprache, wie Sie an der Großschreibung sehen. Was würden Sie dazu sagen, wenn sie Franzose wären? Vielleicht hätten Sie Angst, wenn Sie den Satz als Forderung verstehen. Dann müssten Sie sich ganz schön anstrengen, um jede Unklarheit zu vermeiden. Vielleicht würden Sie aber denken: Ok, wenn ich etwas auf Französisch sage, dann ist es klar. Die Sprache sorgt für mich. Wenn Sie nun aber Deutscher sind und kein Französisch sprechen, dann werden Sie es bedauern. Der Franzose wird stolz den Kopf heben und Sie werden ihn beneiden.

Wahrscheinlich war jener berühmte Satz gerade dazu gedacht, als Rivarol ihn 1784 in der Beantwortung der hybriden Preisfrage nach der Universalität der französischen Sprache prägte. Auf jeden Fall war der Satz auch politisch begründet. Denn in jener Zeit war ja Frankreich eine europäische Weltmacht. Aus solchen Gründen war er lange Zeit für viele Franzosen angenehm und noch 2007 politisch brauchbar. So geht es manch einem noch heute runter wie Öl, wenn Sarkozy in einer Rede in Caen sagte: „Frankreich ist eine Sprache, eine Sprache, die es allen Menschen zur Verfügung stellt. Das Französische, sagte Rivarol, ist nicht einfach die französische Sprache, es ist die Sprache der Menschheit." Ist er damit nur gescheitert beim Versuch, ein lehrreiches Beispiel für die Klarheit liefern? Oder ging es um die Wandelbarkeit solcher Sprüche und wie man sie vor den eigenen Karren spannt?

Gab es nun auch eine triftige Begründung für Rivarols Behauptung? Die Begründung finde sich in der Logik. Denn der Satz zielte nicht einfach auf die sprachliche Äußerung, sondern auf das Denken dahinter. Seit dem 17. Jahrhundert mühten sich klerikale Philosophen um die rationale Grammatik, eben jene, die unsere Denkleistungen am besten zum Ausdruck bringe.

Ausgerechnet das Französische drücke die natürliche Ordnung der Gedanken aus. Die Logik zeigt uns seit Aristoteles – mindestens –, wie ein Satz aufgebaut ist: Zuerst kommt etwas, worüber etwas gesagt wird (das Subjekt), und dann, was darüber gesagt wird (das Prädikat). Und, oh Wunder, das Französische folgt exakt diesem Muster. Es ist eine SVO-Sprache mit der normalen Wortfolge Subjekt – Prädikat – Objekt, cum granibus salis.

Was die Logik betrifft, ist das allerdings Schnee von gestern. Schon erstaunlich, dass selbst der härteste Felsgrund unseres Denkens wandelbar ist. Seit der Formalisierung der Logik schaut die Normalform der Aussage eher so aus: R(x, y). Also zuerst das Prädikat R. Da wären dann die adäquatesten Sprachen VSO-Sprachen, die es tatsächlich gibt. Zum Beispiel Sprachen wie die Sprache der Osterinseln und Hdi im Norden Kameruns oder keltische Sprachen wie das Walisische:

Gwelodd seh-PRÄT-3SG *Sah*	y ART_def *der*	*dyn* N *Mann*	*fi.* P_PRON-1SG *mich.*

Unangenehm vielleicht, dass sie so weit weg sind von uns oder nie zur Weltgeltung kamen. Das Deutsche würde hier auch nicht so gut abschneiden. Es ist nämlich eine SOV-Sprache, was Sie vielleicht überraschen wird. Das hängt aber damit zusammen, dass [die Grundform des deutschen Satzes]$_S$ nachweislich [die Nebensatzstellung]$_O$ [ist]$_V$ – für die Sie hiermit ein Beispiel haben. Jedenfalls ist das Französische als SVO-Sprache in diesem ranking auch nicht mehr ganz vorn.

Im Grunde sind aber derlei Zuordnungen übertrieben vereinfacht. Denn Sprachen mit bestimmten Grundordnungen nutzen in der Regel auch andere Wortfolgen. Sie nutzen Bewegung. Im Deutschen können Sie das locker erproben, etwa indem Sie einen normalen Aussagesatz zum Fragesatz machen.

Ziemlich verbreitet in den Sprachen der Welt ist, das Fokussierte, das Betonte nach vorn zu bringen. So macht es auch das Walisische:

Gwan ydw i. „Gwan bin ich."
Gwen ydych chi. „Gwen bist du."

Ein schlechter Kandidat für eine Weltsprache wäre nach französischer Ideologie auch das Latein gewesen, das eine verhältnismäßig freie Wortfolge hat. Heutzutage sind Franzosen vielleicht, aber Linguisten sicher nicht mehr so chauvinistisch und parteilich für ihre eigene Sprache. Schon der Urvater der Linguistik de Saussure, ein Schweizer zwar, aber immerhin frankophon, erklärte jede menschliche Sprache zu einem System *sui generis*. Alle Sprachen lösen die kommunikativen Probleme mehr oder weniger perfekt, alle gleich mehr oder weniger perfekt.

Eine ganze Reihe von Linguisten, darunter ein bekannter Bestsellerschreiber, hat aber noch eine bessere Lösung entwickelt. Die Menschen denken nicht auf Deutsch, Englisch, Chinesisch oder Apache. Sie denken in einer Gedankensprache, dem Mentalesischen, wie es apart heißt. Da spielen Kleinigkeiten wie die Wortfolge keine Rolle. Diese modernen mentalesischen Linguisten sind nun vorsichtiger: Sie sagen uns nicht, wie das Mentalesische aussieht. Der größte Vorteil dieses Ideologems: Man muss mentalesisch gar nicht lernen. Es ist uns angeboren. Und allen das Gleiche?

Leider müssen wir anschließend doch noch etwas lernen, das Kommunizieren nämlich. Aber auch das ist einfach: Wir übersetzen einfach Mentalesisch ins Deutsche zum Beispiel oder ins Englische. Leider – oder Gott sei Dank – sind wir dann doch davon abhängig, wo hinein wir geboren werden: unsere Muttersprache. Also, die beste Sprache für Sie ist Ihre Muttersprache.

Aber vielleicht könnten wir ja unsere Sprache verbessern?
Wir alle verbessern uns Sprache täglich. Aber keiner allein. Wir passen sie unseren kommunikativen Zwecken an. Aber ohne an die Sprache zu denken. Und erst recht nicht an ihre Verbesserung.
Immer wieder treibt es Leute um, wie es richtig und besser heißt.
Wenn Sie so ein Entweder-Oderer sind, kämen Sie auf die Frage, ob es heißt „die Werke Walthers von der Vogelweide" oder „die Werke Walther von der Vogelweides"? Besonders vielleicht, wenn Sie letzteres lesen würden und würden selbst eher ersteres schreiben. Denn ein Genetiv-s an *Vogelweide*, das passt gar nicht. Der Genitiv heißt *der Vogelweide* (klingt so kontextlos ein bisschen eigen). Nun aber: „Walther von der Vogelweides Werke" – klingt schon besser. Vielleicht sogar besser als „Walthers von der Vogelweide Werke". Schließlich ist Walther eine Person und der Name, ein komplexer Name benennt diese Person. Warum sollte man ihn nicht als Einheit sehen und als Einheit behandeln? Will man den Namen in den Genitiv bringen, ist das -*s* das beste Zeichen.

Eine Redeweise fällt Ihnen besonders auf, wenn Sie es selbst anders machen würden. Wie aber kommen Sie zu Ihrer Meinung? Und wie Andere zu einer anderen Meinung? Aber vor allem: Ist das schlimm? Sie können es ja so machen, wie Sie wollen. Sicher, Sie wollen es richtig machen. Dazu brauchen Sie eine richterliche Entscheidung, orientiert an einer höheren Instanz, eben der deutschen Sprache.

Das „So oder so?" ruht übrigens auf der Annahme, es sei jeweils das Gleiche, nur irgendwie anders gesagt. Das mag im Walther-Beispiel der Fall sein, in den meisten anderen Fällen ist es aber nicht das Gleiche.

Die Voraussetzung, es werde das Gleiche gesagt, ist der Grundfehler. Hinzu kommt aber eine zweite Voraussetzung, nämlich es dürfe nur eine Möglichkeit geben, die korrekte eben. Dieser zweite Fehler hängt der normativen Meinung an, ein Standard müsse existieren oder festgelegt sein oder werden. Das geht am Charakter der Sprache vorbei.

Wir haben oben gesehen, dass Sprecher im Vogelweide-Genitiv intuitiv einer plausiblen Regel folgen könnten. Wer das als abweichend empfindet, sollte bedenken, dass jede sprachliche Regel entstanden ist und dass an ihrem Grunde die Abweichung von einer anderen Regel liegt. Die sprachliche Welt ist voller Abweichungen, Darwins Mutationen. Manche sind ephemer, andere wiederholen sich, werden akzeptiert und verbreiten sich.
Warum also nicht: So und so? Warum nicht vom Entweder-Oderer zum Sowohl-als-Aucher?

34. Kann eine Sprache schön sein?

Ja, das kann sie offenbar. Fragt sich nur, in welchem Sinn und für wen? Jeder Mensch sollte seine eigene Sprache für die schönste halten, kann man doch hoffen. Menschen gehen sogar weiter, wie eine Studie im zweisprachigen Kanada gezeigt hat: Menschen, die unsere eigene Sprache sprechen, halten wir für intelligenter, für freundlicher, sogar für hübscher. Ja, und so ist auch üblich, Sprachen zu bewerten:

Arabisch rau und kehlig.
Italienisch klingt so toll.
Und Französisch ist sexy.

Aber jede Bewertung braucht eine Bewertungsbasis, Kriterien. Für Arabischsprecher werden ihre Äußerungen eher normal klingen. Für uns mögen die Vokale wichtig sein. Vielleicht, weil man sie so schön singen kann. Und daraus zieht wohl auch das Italienische seinen Wert. All die schönen Opern und die schmelzigen Gesänge. Beim Französischen könnte man sich denken, dass die Assoziationen anderswo herkommen. Denn richtig nach Sex klingt es nicht.

Solcherlei Ansichten gehen auch mehr ins Detail und nach Beliebtheit. Im engeren Bereich haben die Beurteiler sicher mehr Kontakt und viel mehr Assoziationen. Sächsisch ist der am wenigsten geschätzte deutsche Dialekt. Berlinerisch und Kölsch kommen da etwas besser weg. Bairisch ist der einsame Spitzenreiter. Die Landschaft und Urlaub lassen grüßen. Aber auch Plattdeutsch steht nicht schlecht da. Man fragt sich, in welchem Sinn die Sprache schön sein soll. Geht es nicht eher darum, was man mit der Sprache verbindet?

Klar ist: Es gibt kein Bewertungskriterium für die Schönheit einer Sprache. Vielleicht ist es so wie in der Kunst. Erst einmal ist die Bewertung subjektiv und mit der Zeit wird sie weiter anerkannt. Aber Nörgler gibt es immer!

Vielleicht könnte man die Frage etwas kleiner halten und etwa von schönen Texten sprechen. Dann könnten literarische Kriterien greifen wie etwa Wohlklang und vielleicht auch der Gehalt. Aber auch da wird man kaum sprachübergreifende Kriterien angeben können.
So bleibt die Frage ein Tummelfeld für mancherlei Schreiber. Der selbsternannte Sprachpapst Wolf Schneider hat in der Welt 1999 auf jeden Fall einen Artikel veröffentlicht mit dem Titel:
Die Schönheit der deutschen Sprache.

Da ist er nach allerlei Schlenkern, dann aber doch zurückgerudert: „Die deutsche Sprache ist schön. Sie ist so schön wie irgendeines der genannten Idiome aus der Nachbarschaft, dem noch nie jemand die Schönheit hat bestreiten wollen."

Bliebe dann immer noch die Frage, warum die dann alle schön sind?

> Die Schönheit des Hochfranzösischen korrespondiert der Schönheit französischer Barockgärten: Sie ist Resultat eines souveränen Willens, durchgesetzt wider die ursprüngliche Natur und versehen mit der Ästhetik der Regelhaftigkeit. Die Schönheit des Deutschen korrespondiert der Schönheit der englischen Parklandschaft, die dem Naturwüchsigen bereitwillig nachgibt und nur im Falle von Unkraut oder Verfall behutsam ordnend eingreift.

Sie merken, da geht es nicht um erkennbare Eigenschaften einer Sprache und auch nicht um benannte Texte.
So können wir denn das tröstliche Fazit ziehen: Alle Sprachen sind schön und keine ist schöner als irgendeine andere.

35. Wie sähe eine gute Rechtschreibung aus?

Verführt uns das Wort „Rechtschreibung" zu der Annahme, sie sei fürs Schreiben da? Wir schreiben aber, um gelesen zu werden. Wir schreiben richtig und recht, damit wir besonders gut gelesen werden. Das ist ganz egoistisch und richtig so. Darum ist die beste Rechtschreibung die, die am besten zu lesen ist. Welche aber ist das? Wie sähe sie aus – mit dem Konjunktiv als Anzeige für die Fiktionalität solcher Überlegungen.
Bestimmte Prinzipien oder Ratschläge spielen immer schon eine Rolle für die Schreibung. Und wie es eine historische Praxis so an sich hat: Es ergibt kein konsistentes System.

► Schreib, wie du sprichst.
Das führte zum individuellen Chaos. Kein Leser will das. Es wird doch regional und individuell unterschiedlich gesprochen. Wenn nun aber Goethe über Italiäner schrieb, so hat das einen gewissen Charme. Zum einen könnte man hören, wie Goethe hessisch sprach, zum anderen könnte man sehen, dass die Herkunftsbezeichnung eigentlich von *Italia* genommen war.

► Schreib das gleiche Wort immer gleich.
Das ist wahrnehmungsfreundlich, kann aber dem ersten Prinzip widersprechen. Jedenfalls tun wir es immer schon. In der neuen Rechtschreibung sogar verbessert: Statt *Prozesse, Prozeß*, jetzt *Prozesse, Prozess*.

► Schreib zwei Wörter unterschiedlich.
Dies scheint trivial, gemeint aber sind sogenannte Homophone, also zwei Wörter, die nur gleich lauten. Das tun wir schon in Maßen: *Leib* vs. *Laib*, *Weise* vs. *Waise*, *Stil* vs. *Stiel*, *Seite* vs. *Saite*, *Miene* vs. *Mine*. Das Hauptproblem hier: Was sind zwei Wörter? Was wäre mit *Schloss*, mit *Stift* usw. Ginge das überhaupt konsequent?

Vielleicht noch ein Prinzip, das in vielen Rechtschreibungen eine Rolle spielt:

- ► Schreib so, dass du Herkunft und Geschichte zeigst.

Zum Beispiel historisierende Schreibungen wie die verrückten im Englischen: *women*, *dough* und so weiter. Beim Reformieren kann das schon mal in die Hose gehen wie etwa *Quäntchen* für *Quentchen*, weil jemand meinte, wir meinten, es käme von *Quantum*. Oder *durchbläuen* für *durchbleuen*, weil man da den Erfolg der Aktion sieht.
All dies ist teilweise in der deutschen Rechtschreibung schon hinterlegt. Selber kann man das alles gar nicht machen. Es ist für das Individuum vorgegeben.

- ► Schreib, wie du es gewohnt bist.

Aber nicht mit allen Fehlern, bitte. Der Rat klingt trivial. Schreibung ist immer konservativ. Hinkt oft nach und sie muss nachhinken, weil wir Gewohntes eben besser wahrnehmen. Und so könnte man auch die konservierende Kritik an der Rechtschreibreform verstehen. Nicht allein für Schreiber. Das Gewohnte ist das A und O des leichten und schnellen Lesens.

Eine alte Vorstellung war (und ist?), dass es bei der Rechtschreibung darum ginge, das Gesprochene umzusetzen in Schrift.
So könnte man sich das folgende einfache Rezept zur Konstruktion einer Rechtschreibung vorstellen:

- ► Man nehme für jeden Laut einen Buchstaben und gebe ihn so in der Schrift wieder.

Wir wollen sehen, auf welche Schwierigkeiten das stößt und wie es zu verfeinern wäre.
Zuerst haben wir es hier zu tun mit der Verwaltung des Mangels. Eine Sprache hat im Allgemeinen zwischen 35 und 45 Lauten, linguistischer und präziser Phoneme. Übliche Alphabetschriften haben so 26 Buchstaben, linguistischer Grapheme. Wie sollte da eine eins-zu-eins-Abbildung gelingen?

Das Problem wird gewöhnlich so gelöst:
Man verwendet Buchstabenfolgen für manche Laute. Im Deutschen etwa / sch/ für [ʃ]. Das ist sehr unelegant. Man muss drei Buchstaben lesen für einen Laut. Viel Aufwand. Jeder verwendete Buchstabe hat dabei mehrere Funktionen. Der Leser muss erkennen: Ist es ein echtes / s/ oder nur eins in einer Verbindung? Auch das kostet mentalen Aufwand, der vielleicht etwas verringert wird, weil wir nicht Buchstabe für Buchstabe lesen, sondern Wortbilder wahrnehmen.

Weiteres Hilfsmittel: Man verwendet sog. diakritische Zeichen. So wird im Französischen ein stummes oder gemurmeltes [e] in der Regel mit / e/ geschrieben, ein ausführliches und geschlossenes als / é/ mit Akzent. Außerdem ein entsprechendes offenes e mit accent grave, eben als / è/ . Damit wird das Prinzip aufgegeben, dass ein Buchstabe ein einfaches elementares Zeichen ist ohne innere funktionale Struktur. Denn diese neuen Buchstaben bestehen aus zwei signifikanten Elementen.

In der anderen Richtung ist das eins-zu-eins-Prinzip ebenso schwer zu befolgen. So finden wir etwa im Deutschen für das [k] wenigstens drei Realisierungen: *Betrug*, *Ochse*, *Boxer*. Ja und dann noch / q/ . Das wäre allerdings ein interessanter Sonderfall. Wir schreiben ja stets / qu/ , ein / q/ allein kommt im Deutschen wohl nicht vor. Aber ein [ku] ist es auch nicht, im Normalfall eher ein [kv]. So machen es die Schweden konsekvent etwa in *frekvens*.
Für die Schwierigkeiten der deutschen Rechtschreibung lohnt sich der Blick in die schulischen Curricula und den Raum, den die Themen da einnehmen. Die Renner sind Kürzung und Dehnung, Zusammen- und Getrenntschreibung. Wieso?
Chinesische Kinder brauchen noch viel länger, bis sie schreiben können. Und die Schreibprodukte sind viel kürzer. Darum können Chinesen bestimmt viel schneller lesen.

36. Gibt es das Unsagbare?

Im Wilhelm Meister sagt Goethe von der Schauspielerin Melina, sie habe „ein ich weiß nicht was in ihrem Wesen", das sie interessant mache. Damit bewegt er sich in einem europäischen Topos. Es ist das, was im Französischen und vielen romanischen Sprachen auf den Punkt gebracht wurde mit dem „je ne sais quoi". Schon bei Cicero gab es das „nescio quid", spätlateinisch „non sapio quid", im Italienischen „non so che" und im Spanischen „no sé qué".

Dieses „ich weiß nicht was" ist verbunden mit der Liebe, mit Gefühlen, mit Schönheit und Grazie, mit dem Übernatürlichen und dem Geheimnisvollen. Mit dem „je ne sais quoi" ist das Unbeschreibliche, das Unsagbare benannt, aber nicht gesagt, alles in einem Topf. Kritiker hat schon früh die Inflation der *je ne sais quoi's* amüsiert: Das *je ne sais quoi* sei ein Ausdruck, den man allen Saucen zufüge und der nur die komplette Ignoranz ausdrücke.
Will man über das Unsagbare sprechen, dann lohnt es sich erst zu unterscheiden zwischen dem individuell Unsagbaren und dem prinzipiell Unsagbaren. Das individuell Unsagbare lernen wir kennen, wenn wir eine zweite Sprache lernen. Da kommt es öfter vor, dass wir etwas sagen wollen, können es aber noch nicht ausdrücken, weil uns an Kompetenz in der zweiten Sprache mangelt. Dann aber ist das zu Sagende sagbar, eben in der eigenen Sprache. So wissen wir, was wir sagen wollen, und könnten es auch formulieren.
Wenn Kinder sprechen lernen, dann scheint es plausibel, anzunehmen, und wir nehmen es auch an, dass sie erst wenig und dann langsam mehr ausdrücken können. Wäre es aber sinnvoll anzunehmen, sie wüssten eigentlich viel mehr und wollten viel mehr sagen, als sie ausdrücken können?
Das denken manche.

Als Opponent solcher Ansichten ist der Sprachphilosoph John Searle angetreten mit seinem Prinzip der Ausdrückbarkeit, das in etwa besagt, dass für jede Sprache gilt: Alles, was ein Sprecher meinen kann, dafür gibt es einen Ausdruck, mit dem er es auch sagen kann. Nimmt man dies wörtlich und empirisch, so sollte man zeigen, dass alles in alle Sprachen verlustlos übersetzt werden kann. Das will ich hier nicht widerlegen. Sie können sich selbst versuchen und das deutsche *Sie* ins Englische übersetzen. Dann werden Sie eher geneigt sein, das Searlesche Prinzip mehr als Hinweis auf die Offenheit und Wandelbarkeit menschlicher Sprachen zu sehen.
Vielleicht beißt sich die Katze auch in den Schwanz, weil ein Sprecher nicht meinen kann, was er nicht sagen kann.

Das prinzipiell Unsagbare beschäftigte vor allem Mystiker, so den größten deutschen Mystiker, Meister Eckhart. Er versuchte immer wieder, die mystische Erfahrung, wenn schon nicht in Worte zu bringen, so doch mindestens in verbale Hinweise zu fassen. Seine verbalen Hinweise waren vor allem Paradoxa:

> Gott ist ein Ichts und ein Nichts.
>
> Was immer man von Gott sagt, das ist er nicht. Was man nicht von ihm sagt, das ist er eigentlicher, als was man von ihm sagt.

Auch der frühe, ganz rational erscheinende Wittgenstein setzte die Grenze zum Unsagbaren mit seinem berühmten: „Worüber man nicht sprechen kann, davon muss man schweigen". Er sah hierin durchaus die Grenze zum Mystischen.

Nehmen wir ruhig weiter an, dass es das Unsagbare gibt.
Merken wir aber: Im Unsagbaren ist alles das Gleiche.
Unterschiede gibt es erst im Ausgedrückten.

Bemerkenswert in Sachen des Unsagbaren ist, dass weniger Sprachmächtige, etwa Kinder, sich kaum beklagen, sie könnten etwas nicht ausdrücken. Sprachgewaltige, besonders Dichter, haben immer wieder geklagt, etwas nicht ausdrücken zu können. So etwa Hugo von Hofmannsthal in dem berühmten Chandos-Brief:

> Mein Fall ist, in Kürze, dieser: Es ist mir völlig die Fähigkeit abhanden gekommen, über irgend etwas zusammenhängend zu denken oder zu sprechen.
> Zuerst wurde es mir allmählich unmöglich, ein höheres oder allgemeineres Thema zu besprechen und dabei jene Worte in den Mund zu nehmen, deren sich doch alle Menschen ohne Bedenken geläufig zu bedienen pflegen. [. . . die abstrakten Worte, deren sich doch die Zunge naturgemäß bedienen muß, um irgendwelches Urtheil an den Tag zu geben, zerfielen mir im Munde wie modrige Pilze.

Dabei wird auch die Metapher der Grenzen der Sprache gern übermetaphorisiert zur Mauer, an der sie sich den Kopf einrannten. Ihre Klagen gingen noch weiter, dass nämlich unsere Sprache nicht geeignet sei, diesem oder jenem Ausdruck zu verleihen.
Ein anderer Skeptiker war Fritz Mauthner, seines Zeichens Literat und selbsternannter Sprachkritiker:

> Die Worte der Sprache sind [. . .] ungeeignet zum Eindringen in das Wesen der Wirklichkeit, weil die Worte nur Erinnerungszeichen sind für die Empfindungen unserer Sinne und weil diese Sinne Zufallssinne sind, die von der Wirklichkeit wahrlich nicht mehr erfahren als eine Spinne von dem Palaste, in dessen Erkerlaubwerk sie ihr Netz gesponnen hat.
> (Fritz Mauthner: Beiträge zu einer Kritik der Sprache, 1903 Band III, S. 650)

37. Ist Schweigen wirklich Gold?

Der britische Professor Lord Acton war Ende des 19. Jahrhunderts Abgeordneter im englischen Parlament. Nach einigen Jahren wurde er gefragt, warum er beständig schweige. Er antwortete, dass er mit niemanden übereinstimme, so wie auch mit ihm niemand übereinstimme.

Der Kommunikationstherapeut Watzlawick hat seinerzeit Axiome, sozusagen Grundprinzipien der Kommunikation formuliert. Darunter auch dieses oft falsch zitierte:

► Man kann nicht nicht kommunizieren.

Das Axiom verweist uns darauf, dass alles, was wir tun, gedeutet wird. Sogar Nichtstun wird gedeutet, wenn es als Unterlassung oder als Absicht verstanden wird. Wenn ich also nichts tue, kann ein Partner dies als Unterlassung deuten – und das könnte ein Missverständnis sein.

Solcher Art Schweigen kann natürlich leicht missverstanden werden, weil Schweigen öfter als Zustimmung genommen wird. Man kann einfach nichts tun und schweigen. „Ich warte, bis der Andere gesprochen hat." Man kann aber auch vielsagend schweigen. „Ich bin nicht einverstanden, widerspreche aber meinem Gesprächspartner nicht." Es kommt auf den Kontext an, was Schweigen ist und was es bedeutet.

Besonders in der interkulturellen Kommunikation können hier Probleme auftreten, weil es kulturell verschiedene Ausführungsbestimmungen dafür gibt, was als Schweigen zählt und als was Schweigen zählt. Während in der deutschen Kultur eine Gesprächspause ab 20 Sekunden peinlich zu werden beginnt, gelten für andere Kulturen andere Regeln. Deutungen über unterlassene Handlungen sind im interkulturellen Kontext noch riskanter als in der eigenen Kultur. Unterlassungen zu deuten setzt sehr viel Wissen über Konvention und Kultur voraus. Schweigen, Nicht-in-die-Augen-Schauen, erwartungswidriges Nichtstun usw. können kulturell sehr unterschiedlich gedeutet werden, oft gegenläufig zur deutschen Deutung.

Im Grund ist das Axiom etwas windschief; es scheint einer einseitigen, hörerorientierten Auffassung von Kommunikation anzuhängen. Schweigen bleibt doch eigentlich Nichtstun. Und wer nicht handelt, der kommuniziert nicht. Wir müssen zwar als Sprecher akzeptieren, dass unsere Akte von den Partnern gedeutet werden. Das bedeutet aber noch lange nicht, dass etwas, was so und so gedeutet wird, auch so und so gemeint war. Das sprechende Individuum kann nicht für jede Deutung verantwortlich gemacht werden. Verstehende tragen Mitverantwortung, vielleicht sogar die Hauptverantwortung.

Nur: Als Sprecher sollte ich mir Gedanken machen, wie ich verstanden werden könnte. Denn ich will ja, dass der Hörer das versteht, was ich sagen will, und nicht allzu viel hinzutut. Darum sollten wir auch offen für die Deutung des Schweigens sein. Hier wird keine Palette dafür vorgestellt. Wir werden uns aber mit einer Form befassen: Schweigen, wo was zu sagen wäre.

Das Verweigern des Dialogs ist eine Form etwas auszudrücken, ohne es unmittelbar in Worte zu fassen, zu zeigen, dass der andere einen nicht interessiert, oder sogar, dass er nicht existiert. Bei jedem anderen Gesprächspartner kann man nachfragen, wenn man nicht versteht. Aber bei Schweigen, wo etwas zu sagen wäre, bekommst du null Reaktion, was immer du tust. Unmittelbare Kommunikation findet nicht mehr statt: Wenn du eine direkte Frage stellst, weicht der Partner aus.

Handelte es sich um einen offenen Konflikt, wäre eine Auseinandersetzung möglich, und eine Lösung könnte gefunden werden. Das Verweigern des Dialogs zeigt dem Partner, dass er nicht interessiert, dass er nicht existiert.

> Mein Freund ist einfach so kalt geworden. Er sagt immer, er liebt mich und ich soll nicht an ihm zweifeln, aber wenn ich weinend vor ihm sitze und meine Probleme erzähle, meint er nur „Was soll ich denn sagen, was willst du hören". Er gibt nie Antworten, sondern schaltet auf Durchzug.

Noch toller ist es bei Briefen, auf die keine Antwort kommt. Diese Schweigerei ist eine Schweinerei.

Im Privaten kann man es mit Karl Valentin nehmen:
Dein Schweigen ist so tiefsinnig, dass man wünschte, es würde nie enden.

38. Was hat es mit Unterbrechen auf sich?

Kommunikativ ist der Wechsel zwischen Sprechern ganz gut geregelt. Gewechselt werden kann nicht nur, wenn einer mit seinem Satz fertig ist. Vielmehr gibt es eine kooperative Regelung, die wir gut beherrschen und eher unbewusst einhalten. Wenn ein Sprecher dran ist, sagt man, hat er seinen „turn". Im turn gibt es Stellen, an denen ein anderer einspringen kann, ja sogar zum Einspringen eingeladen wird.
Für die turn-Zuteilung gibt es verschiedene Möglichkeiten.

Glatter turn-Wechsel
A
B
C

Synchrones Sprechen 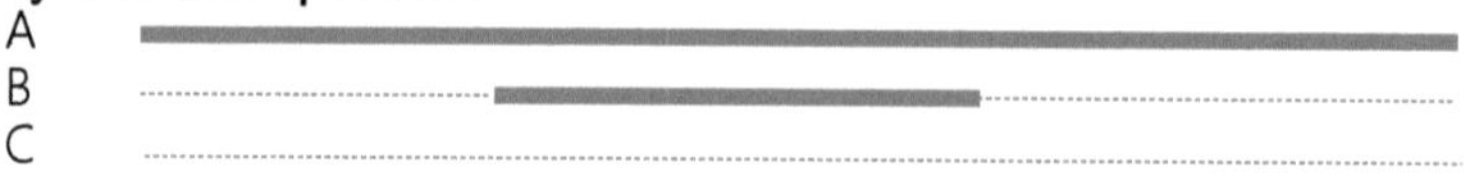
A
B
C
Dies muss nicht immer eine Unterbrechung sein. Unterbrechen ist ein signifikanter Akt, der beispielsweise voraussetzt, dass B nicht berechtigt war, dass A sich gestört fühlt usw. Ein objektives Kriterium für Unterbrechen gibt es nicht.

Simultanstart
A
B
C

Frühstarts 
A
B
C
Ohne Behinderung

Fehlstart 
A
B
C
Aufgeben von B

Das mag schwieriger aussehen, als es ist. Aber es gibt sogar den Fall, dass synchron gesprochen wird, ohne dass es Probleme gibt. Man sagt, südamerikanische Indianerfrauen könnten das perfekt. Und bei uns? Achten Sie mal darauf.
Auf der anderen Seite hört man öfter – besonders in politischen Talkshows – die Rüge: Bitte unterbrechen Sie mich nicht. Das ist natürlich rein normativ. Die Idee ist: Man beruft sich im Wettstreit auf eine Norm und tut so, als sei sie sakrosankt. Damit glaubt man im Kommunikationsspiel zu gewinnen, zumindest normativ orientierte Zuhörer auf seine Seite zu ziehen.
Sogar im Gesprächstraining bekommen Sie den Tipp:

> Lassen Sie sich nicht unterbrechen.
> Sagen Sie einfach freundlich, aber laut und deutlich: „Lassen Sie mich das kurz noch zu Ende bringen" oder „Einen Satz bitte noch."

Das ist natürlich sehr einseitig gesehen, so als seien einseitig nur Sie dran. Sie sind aber auch in der anderen Rolle. Sie sollen sich das alles anhören? Furchtbar!

Interkulturell gibt es interessante Unterschiede, was das Unterbrechen betrifft. Das mag so weit gehen, dass die einen etwas als Unterbrechung werten, was für die anderen noch lange keine ist. Und da zeigt sich auch wieder, dass das turn taking ganz unterschiedliche Bedeutung haben kann. Schließlich auch bei uns. Im Spanischen etwa soll es in Gesprächen schnell mal hin und her gehen. Jeder gibt seinen Senf dazu. Wenn du nicht mitmachst, denken die, du hast keine Ahnung oder dich interessiert das Ganze nicht.
Und vor allem, wenn einer dran ist, lange redet und zwischendurch auch mal Falsches bringt, muss man da nicht reagieren? Kann man das sammeln und soll man sich's aufheben gar?
Unterbrechen gehört zur kommunikativen Freiheit. Wenn du gute Gründe hast, unterbrich ruhig! Wie gut deine Gründe sind, wird sich zeigen.

Eine ganz andere Frage ist, dass in dem Wort *unterbrechen* irgendwie schon eingebaut ist, dass es ungehörig ist, dass man es nicht tun sollte. Im Umfeld haben wir auch *ins Wort fallen* oder gar *das Wort abschneiden*. Ja, das kann grausam sein.

Nur, in normaler, guter Kommunikation bleibt, was jene unterbrechen nennen, unbemerkt, es kommt nicht vor. Sich in diesem Sinn sich nicht unterbrechen können, zeigt, dass man sich versteht, verständigt ist.

39. Zu wem wird hier gesprochen?

Zur Kommunikation gehören mindestens zwei. Aber im Fall eines Selbstgesprächs ist vielleicht keiner dabei oder er ist nicht der Partner des Redenden. Eine Art kommunikativer Ausreißer?

96 Prozent der Menschen führen Selbstgespräche – heißt es. Aber ich doch nicht! Oder doch? Spricht nicht jeder schon mal laut, wenn keiner dabei ist. Ich rede mit meinem PC oder mit wem dahinter. Dies ist zwar lautes Reden, wenn keiner dabei ist, aber ein Selbstgespräch eher nicht. Man muss im Selbstgespräch irgendwie mit sich selbst reden. Zu sich selbst?
Nun gut, wem das gut tut. Gemeint sind hier nicht spontanen Ausrufe, wenn einem was misslungen ist: *Mist!, Oh Gott!, Scheiße!* Und so fort. Das gab's und gibt es immer schon. Man kann sie mehr als Symptom des Fehlschlags sehen. Sie sind aber wirklich kein Selbstgespräch. Nicht einmal ein Gespräch. Da braucht es schon ein bisschen mehr.
In Selbstgesprächen scheint man irgendwie zwei. Man spricht und hört. Ja, aber so ganz klar ist das nicht mit dem Partner. Sieht man sich wirklich als Partner? Braucht es das? Den Partner würde man wohl duzen. Bestimmt, wenn man es selbst wäre. Die meisten scheinen sich aber zu ichen. Da wird kein Partner irgendwie angesprochen. Unter den Duzern sollte es sogar welche geben, die sich siezen! In manchem Fall wär das schon mal angebracht.
Selbstgespräch = lautes Denken, so sagen Psychologen, so heißt es öfter. Ein alter Hut.
Es heißt auch, ältere Menschen, die oft allein sind, führen Selbstgespräche. Das ist der klassische Fall und eigentlich plausibel. Warum soll jemand, der oft allein ist, laut denken? Und besonders die? Es wäre doch für alle nützlich, wenn es hülfe. Dann auch noch die Frage: Warum sind uns Selbstgespräche eigentlich irgendwie peinlich? Darum?

Warum nun aber überhaupt Selbstgespräche? Jemand hat mal gesagt: Ich unterhalte mich gern mit einem intelligenten Menschen. Und ich? Ich unterhalte mich gern mit einem, der einfach ja sagt.

Nun haben wir schon drei Typen. Ein vierter wären Luftgespräche. Ich denke an Menschen, die auf Straßen und Plätzen laut (vor sich hin?) reden. Oft klingt das recht aggressiv: Da wird geklagt über das eigene Schicksal, über die Welt und die Gesellschaft. Und vor allem über die da. Aber sind solche Luftgespräche sinnvoll und sind sie hilfreich?
Empfohlen werden von klugen Therapeuten die Selbstgespräche, weil einer Selbstkritik da leichter falle. Und das sei doch was Positives. Positiv könnte auch sein: sich etwas vornehmen und es sich öfter vorsagen. Das hilft. Schon deshalb: Je öfter du etwas sagst, umso wahrer wird es. Und je öfter du dir etwas vorsagst, umso eher wirst du es tun. Prinzip Hoffnung!
Eines scheint jedenfalls klar: Wenn du mit dir selbst sprichst, wirst du wenigstens nicht unterbrochen.

40. Was nützen uns Metaphern?

Dieses Tiefdrucktriumvirat will uns in die Zange nehmen. Es schaltet den Sommer ab.
Und sie sehen im Westen von uns, da sind noch einige dichte Wolken unterwegs.
Hier steuert ein weiteres Tiefdruckgebiet. Das bekommen wir nicht direkt ab, aber die dazugehörigen Wolken, die das Tief uns schickt.
Und da droht schon das nächste Tiefdruckgebiet, mit einer gehörigen Portion Regen im Gepäck.
Die zahlreichen Tiefdruckgebiete nähern sich in fröhlicher Folge.
Die Sonne lässt sich nicht blicken.

Diese Fitzel aus Wetterberichten machen Ihnen keine Schwierigkeiten zu verstehen.
Erst bei genauerem Hinsehen wird Ihnen auffallen: Hier gibt es viel uneigentliche oder übertragene Rede. Die Vorstellung dahinter ist nichts anderes als selbst eine solche Übertragung. Denn wie sollte man Sinn oder Bedeutung übertragen können? In welchem eigentlichen Sinn? Natürlich könnten Sie das alles auch anders formulieren. Aber was ginge da alles verloren. In dieser metaphorischen Redeweise werden die Wettererscheinungen irgendwie menschenähnlich – und das könnte die Sache spannender machen.

Eine Metapher ist ein metaphorisch verwendeter Ausdruck – so eine sinnvolle Redeweise. Eine Art Standarderklärung von Metaphern läuft so: In Sätzen wie oben gibt es metaphorisch verwendete Ausdrücke, etwa dass ein Tiefdruckgebiet etwas im Gepäck haben könnte – ganz wie ein Mensch – oder dass Tiefdruckgebiete uns in die Zange nehmen. Beim letzten haben wir es vielleicht mit einer doppelten Metapher zu tun. Wenn etwa Fußballer den Gegner in die Zange nehmen, tun sie das ja nicht wörtlich. Und hier werden dann Tiefdruckgebiete wie Menschen, etwa Fußballer dargestellt.

Die Art Verwendung sei eben nicht wörtlich und stehe deshalb auch nicht im Wörterbuch. Dieses Kriterium allein taugt aber nicht für die Abgrenzung des metaphorischen Gebrauchs. Denn *in die Zange nehmen* könnte schon drinstehen, etwa als Redensart oder Idiom. Auch bei anderen Wörtern reicht das Kriterium nicht. Denn *Wolkenkratzer* wird bestimmt im Wörterbuch stehen und mit der metaphorischen Bedeutung als wörtliche. Es handle sich eben um eine etablierte Metapher. Also ganz einfach ist es mit der Definition nicht.
Wichtige Fragen für Metaphern bleiben,

- wie sie zu identifizieren sind und
- wie sie zu verstehen sind.

Wenn davon die Rede ist, ein Tiefdruckgebiet habe etwas im Gepäck, bemerken wir irgendwie eine Art von Abweichung oder Unverträglichkeit. Sollte das der Anlass sein, den Satz metaphorisch zu verstehen, kämen aber beide Teile für eine metaphorische Verwendung in Frage. Mir scheint, wir entscheiden uns für das Gepäck, weil es üblich ist, allerhand metaphorisch mit menschlichen Zügen zu versehen
Das Spiel zwischen dem Eigentlichen und dem Uneigentlichen ist das Spiel zwischen Bedeutung und Sinn. Es spielt sich ab im Verstehen. Dabei spielen die verschiedenen Partien des Wissens unterschiedliche Rollen. Sie führen zum Verstehen des Uneigentlichen. Hier gibt es ausgetretene Wege und verschlungene Pfade, die nur wenige kennen oder erkennen und jeder für sich.

Ausgetretene Wege sind:
Ironie: Wer etwas ironisch versteht, nimmt es als Gegenteil dessen, was vordergründig gesagt wird. Er geht davon aus, dass der Partner nach dem gemeinsamen Wissen, es unmöglich wörtlich gemeint haben kann. Die Deutung über Gegenteil bietet einen sicheren Weg.

Bei der **Übertreibung** und Untertreibung denken wir uns bestimmte Ausdrücke in einer aufsteigenden Skala geordnet, etwa *<keine, einige, nicht alle, viele, die meisten, alle>* . Bei der Übertreibung justieren wir unser Verständnis weiter links, bei der Untertreibung weiter rechts. Dabei ist erst einmal egal, ob der Produzent das Verständnis intendierte oder nicht. Wenn wir aber von nicht-intendiert ausgehen, dann schreiben wir es dem Produzenten zu – als großsprecherisch oder bescheiden.

Einen richtig ausgetretenen Weg haben wir bei der **Vermenschlichung** gesehen, weitere sind:

Produzent > Produkt:	Martini trinke ich selten.
Autor > Werk:	Hast du den Duden gelesen?
Teil > Ganzes:	ein kluger Kopf
Gebäude, Ort > Institution:	Berlin äußert sich hierzu nicht.
Gefäß > Inhalt:	Nehmen Sie noch ein Gläschen?

Wenn wir es mit einem weniger ausgetretenen Weg zu tun haben, brauchen wir mehr Kreativität. Hier haben wir als einzigen allgemeinen Hinweis: Ähnlichkeit. Das Verstehen einer Metapher ist das Sehen des Ähnlichen im Unähnlichen.
Hierbei kann uns die je einzelne Bedeutung im weiten Sinne leiten.
Allerdings kennen wir meist schon Vorbilder, Präzedenzen für das Verstehen und etablierte Beispiele metaphorischer Rede. Bin ich einen Weg einmal erfolgreich gegangen, dann werde ich ihn wieder wählen. So entstehen auch gemeinsame metaphorische Netze oder metaphorische Modelle wie: „Geld ist Flüssigkeit". Nach dem Flüssigkeitsmodell sind dann Aussagen gestrickt wie

Hier müssen erhebliche Mittel fließen.
Die Quellen der Mafia sollen verstopft werden.

Ganz verbreitet sind Container-Modelle, etwa: „Der Mensch ist ein Container", nach dem wir Menschen voller Hoffnung, voller Zuversicht und Optimismus sein können, auch voller Ideen und Tatendrang, voller Saft, Kraft und Energie, voller Witz und Ironie.
Ein anderes Modell hat mit Kampf zu tun. Danach wird mancherlei als Kampf gefasst, vor allem Diskussionen. Selbst wissenschaftliche Diskussionen werden oft durch die Kampfbrille gesehen. Am Ende ist einer platt.

Worin liegt das Erhellende, die Fruchtbarkeit der Metaphorik? Es sollte für metaphorische Rede stets reflektiert werden:

- ▶ Wie weit trägt die Metapher?
- ▶ Wie weit passt die Anähnlichung?
- ▶ Wie fruchtbar ist sie?
- ▶ Was gebiert sie?
- ▶ Was bleibt im toten Winkel, wird vernachlässigt?
- ▶ Leitet die Metapher in die Irre?

Das metaphorische Verständnis bleibt offen, ist nicht fix. Es kann auch nicht durch eine Paraphrase gegeben werden. Das wäre bestenfalls eine Krücke. Warum würde sonst ein Sprecher die metaphorische Redeweise wählen, sie dem Partner zumuten? Er will etwas anderes zu verstehen geben.
Darum gibt es für das Interpretieren von Metaphern auch andere Wege. Zum Beispiel die Frage: Was fällt Ihnen ein bei Oldtimer? Was würde davon auf Menschen passen? Was in eine Bekanntschaftsannonce?
Wenn Metaphern eine klare Bedeutung hätten, dann bräuchten wir sie nicht. Sie sind keine kommunikative Belästigung, sondern attraktiv und erhellend. Darum sind sie auch poetisch so gefragt.

An der Basis des Sprachwandels steht oft die Metapher, ein leicht abweichender Gebrauch, mit dem etwas Neues, etwas anders gesagt wird, der aber so attraktiv ist, dass er Nachfolger findet. So viele, dass eine neue Konvention entsteht.

Das „So-wie-hier-so-da" ist die Grundlage menschlicher Kommunikation. Es steht am Anfang der Verwendung und Entstehung sprachlicher Zeichen.
Wenn es einem A gelungen ist, mit einer Äußerung sein Ziel zu erreichen, wenn er den Eindruck hat, dass er verstanden wurde, dann wird er in der gleich gesehenen Situation das nächste Mal genauso verfahren. Er hat eine Präzedenz gewonnen. Und wenn der B den Eindruck hatte, er habe A verstanden und der sehe das genauso, dann wird auch er nächstes Mal von dieser Deutung ausgehen. Ein gemeinsames Wissen ist entstanden.

Zum Schluss noch als Anregung kreative Metaphorik in einer Heiratsannonce.

> Gut erhaltener Weihnachtsbaum, 60 Kerzen, etwas weniger Nadeln, sucht glitzerndes, leuchtendes Lametta. Vielleicht leuchten wir gemeinsam!

41. Ironie – Wozu denn?

Kürzlich hat ein alter Promi gesagt:

Hitler war ein feiner Kerl.

Darauf ging eine milde Empörung durch die Presse. Seine Aussage wurde wörtlich, für bare Münze genommen, vielleicht weil der Promi in jener Zeit schon lebte, vielleicht weil man da einen schönen Aufhänger hatte, vielleicht aber auch weil man ihn für alt und gaga hielt. Interessant ist, dass man ihn einerseits ernst, andererseits auch wieder nicht ernst nahm. Würden Sie sowas äußern, würden die meisten – hoffentlich – sagen, es sei nicht so gemeint gewesen. Jeder wisse doch wohl, was es mit Hitler auf sich hatte.

Wenn also eine Äußerung offenkundig verstößt gegen das, was für wahr gehalten wird, dann nehmen wir an, es sei etwas Anderes gemeint, als gesagt wird. Damit wissen wir aber noch nicht, was gemeint war.

Ironie ist ein Musterbeispiel dafür, dass etwas Anderes gemeint ist, als was gesagt wurde. Nach der klassischen rhetorischen Definition der Ironie ist in ironischer Rede das Gegenteil von dem gemeint, was gesagt wurde. Das macht das Verstehen einfacher und wir können davon ausgehen, dass in unserem Eingangsbeispiel im ironischen Verständnis gemeint war, Hitler sei eben kein feiner Kerl gewesen, dass es aber vielleicht welche gibt, die das meinen könnten. Und vielleicht eine Art Vorführung. Genereller soll für Ironie gelten:

- Es wird etwas Anderes gemeint als gesagt.
- Es wird das Gegenteil gemeint von dem, was gesagt wird.

Selbstverständlich gibt es kein universales Wissen. In ironischer Rede baut der Sprecher A darauf, dass dem Partner klar ist, dass A das Einschlägige nicht glaubt. Darum spielt, wer ironisch redet, auch damit, wie der Partner ihn einschätzt, was er von ihm hält. Ironische Redeweise ist in diesem Sinn riskant, aber sozial und befriedigend, wenn sie klappt.

Einfacher ist der Fall, in dem der Sprecher A annehmen kann, der Partner erkenne in der gemeinsamen Kommunikationssituation, dass A etwas Bestimmtes weiß oder nicht glaubt, etwa wenn jemand in einer Situation, wo beide sehen, dass es stürmt und schneit, sagt:

Schönes Wetter draußen.

Feiglinge verwenden Ironiesignale wie Augenzwinkern und dergleichen oder sie antworten auf Nachfrage „Ich hab das nicht ernst gemeint". Damit aber ginge gerade das Prickelnde der Ironie verloren, wenigstens etwas davon. Denn Ironie scheint noch einen anderen kommunikativen Sinn zu haben. Wir kommen ihm auf die Spur, wenn wir berücksichtigen, dass ironische Rede meist kritisch gedacht ist. Indem man Kritik nicht so direkt vorbringt, macht man sie sanfter, bringt etwas Luft, etwas Distanz hinein. Ironische Kritik hat etwas Paradoxes an sich wie wohl Ironie generell: Man sagt es, man sagt es aber auch nicht. Deshalb sollte man Kindern gegenüber nicht so oft ironisch sein. Es macht sie unsicher und wehrlos.

Prinzipiell fordert Ironie mehr Verstehensaufwand und ist auch deshalb riskant. Auch wenn man weiß, dass ironisch das Gegenteil des Gesagten gemeint wäre, weiß man noch nicht, dass es sich um Ironie handelt. Alles bleibt in der Schwebe.

Wahre Ironiker geben keine Ironiesignale. Sie führen etwas vor, so wie Zitate, die sie nicht auszeichnen. Ein solcher war Heinrich Heine:

Das Fräulein stand am Meere
Und seufzte lang und bang,
Es rührte sie so sehre
Der Sonnenuntergang.

Mein Fräulein! Sein Sie munter,
Das ist ein altes Stück;
Hier vorne geht sie unter
Und kehrt von hinten zurück.

Hier wird virtuos eine dichterische Technik vorgeführt und ein eingängiger Ohrwurm. Durch den Abschwung am Schluss könnten wir erkennen, dass auch wir vorgeführt wurden und vielleicht etwas Kitsch genossen haben. Der Witz aber ist das Schillern: Wir dürfen mitgenießen oder mittrauern, dann aber werden wir in Distanz genommen und sehen, dass es gemacht ist. Der wahre Ironiker kann auch Kitsch genießen – aus der Distanz.

Fast philosophisch hat einst Jonathan Swift den Mythos, Wörter stünden für Dinge, schön ironisiert: In seiner Akademie von Lagado, deren Professoren ganz radikal postulieren, dass man gar keine Wörter brauche, man könne ja viel direkter und authentischer gleich mit den Dingen kommunizieren.

Sie müssen allerdings große Säcke mit sich herumschleppen.

42. Was ist ein Idiom?

Was ist auf dem Emblem dargestellt? Ich gebe Ihnen drei Stichwörter: *Schäfchen, Trockene, bringen.*

Ein Idiom ist eine sprachliche Erscheinung uneigentlicher Rede. *Idiom*, aus dem Griechischen *idioma* (Eigentümlichkeit) wird allgemein als eine feste Wortverbindung aus mehreren Wörtern gesehen, deren Gesamtbedeutung sich nicht aus ihren lexikalischen Einzelbedeutungen und ihrer syntaktischen Struktur ableiten lässt. Diese Definition setzt voraus, dass für normale Wortverbindungen des Fregeprinzip gilt, nach dem sich die Bedeutung grammatischer Konstruktionen aus den Bedeutungen der Elemente ergibt.

Wer das berücksichtigt, erkennt, dass Idiome durchaus auch einen eigentlichen oder wörtlichen Sinn haben und dazu eine übertragen-bildliche Bedeutung. Deshalb geht es auch beim Verstehen von Idiomen vor allem um beide Aspekte und um den Zusammenhang, der den idiomatischen Ausdruck mit seiner aktuellen, figurativen Bedeutung verbindet. Es geht sozusagen darum, das missing link zu finden, das uns die Deutung erschließt und das Ganze attraktiv macht.

Allgemein werden den Idiomen drei Hauptmerkmale zugeschrieben:

1. Stabilität
2. Lexikalität
3. Idiomatizität

Stabilität/ Festigkeit

Idiome sind in ihrer grammatischen Struktur geprägt, lassen verhältnismäßig wenig Abwandlung zu. Aber, was fest ist, ist so klar nicht. Auf jeden Fall ist es schwierig, Zitierformen zu finden, die genau die Idiomstruktur wiedergeben. Mit unserem Schäfchen geht das ganz gut: *sein Schäfchen ins Trockene bringen* oder *seine Schäfchen*. Aber ist sie da auch vorgesehen? Und noch inadäquater wäre *den Papa aufs Fahrrad bringen*.
Einmal geht bei dieser Prozedur die Information über das Subjekt verloren, weil Infinitive subjektlos sind. Und dann werden fixe Stellen fälschlich als variabel dargestellt. So kann einem Wichtiges für die Deutung durch die Lappen gehen. Man sollte das Idiom in seinem natürlichen Umfeld lassen. Denn aus dem Umfeld bekommt man wichtige Deutungshinweise.
Eine Reihe von Idiomen sind aber nach grammatischen Modellen geformt:

X wie Y: *frech wie Oskar* X und Y: *klipp und klar*
X um Y: *Auge um Auge* X für Y: *Tag für Tag*
von X zu Y: *von Pontius zu Pilatus*

Viele Idiome lassen tatsächlich Variation zu. Die Grenze der Veränderbarkeit wird gezogen durch die Annahme, dass bei extremen Veränderungen nur noch eine Anspielung vorliege, etwa wenn ich mein Pferdchen ins Trockene bringe.

Lexikalität

Idiome sind Sprechern als Einheiten wie Wörter zugänglich. Sie sind keine freien Fügungen, die in der Kommunikation produziert werden müssen. Aus dieser Annahme folgt, dass Idiome als Ganzheiten ins Lexikon gehören.
Allerdings geht es da nur um die festen Positionen, das Skelett des Idioms, das mit ganz bestimmten Lexemen zu füllen ist. Vor allem die grammatischen Morpheme variieren im Rahmen der grammatischen Möglichkeiten. So kann ich mein Schäfchen auch ins Trockene gebracht haben und ich kann es schon im Trockenen haben.

Idiomatizität

Was also steckt in den Idiomen? Wer das Idiom nicht kennt, wird eher den wörtlichen Sinn im Vordergrund sehen. Er muss auf den übertragenen Sinn als Hintergrund kommen. Was hat denn jemand, der sein Schäfchen im Trockenen hat? – Er hat es vielleicht vor dem Ertrinken gerettet. Warum grad das Schäfchen? – Es ist vielleicht sein Besitz. Und warum die Verkleinerungsform? – Sorgt sie irgendwie für den negativ kritischen touch?

Wer das Idiom gut kennt, sieht den übertragenen Sinn im Vordergrund. Er muss erst wieder drauf gebracht werden, dass im Hintergrund auch der wörtliche Sinn eine Rolle spielt.

Mit der Verwendung von Idiomen zeigt man sprachliche Bildung. Das macht sie attraktiv. Und manche fallen da schon mal ihren Ambitionen zum Opfer. So ist die Welt voll windschiefer Auslassungen.

> Die Party war echt super. Wir haben so richtig auf den Busch geklopft.

Meinte der Sprecher *so richtig auf die Pauke gehauen*?

> Volker kapiert nichts, er merkt nichts, steht ständig auf dem Schlauch.

Meinte die Sprecherin *steht ständig auf der Leitung*.

> Der Keller war ziemlich modrig und überall hat man Lunte gerochen.

Keine Angst: Ich will Sie nicht aufs Korn nehmen. Aber Sie könnten sich dies wie gedruckt hinter die Ohren schreiben. ريالريال

43. Ist Somatismus eine Krankheit?

Nein, keine Angst. Es geht hier weiter um Sprachliches. Es geht weiter um Idiome. Menschliche Wahrnehmungen gehen durch den Körper. Die körperliche Orientierung zeigt sich auch in der Sprache. Bei den Idiomen finden wir als Ankerwörter viele Bezeichnungen menschlicher Körperteile. Fällt Ihnen zu jedem ein Idiom ein?

> Knie, Leber, Lippe, Arm, Arsch, Auge, Backe, Bauch, Bein, Brust, Daumen, Faust, Finger, Fuß, Galle, Gaumen, Gesicht, Haar, Hals, Haupt, Magen, Maul, Mund, Nase, Niere, Ohr, Rachen, Schnauze, Stirn, Wimper, Zahn, Zahnfleisch, Zunge

Derartige Idiome werden auch somatische Idiome oder Somatismen genannt. Somatismen machen bis zu 20 Prozent aller idiomatischen Wortverbindungen des Deutschen aus. Körpersprache besteht also nicht nur im Agieren mit dem Körper wie bei Gestik und Mimik. Vielmehr schreiben wir den Körperteilen auch ganz bestimmte Eigenschaften zu, die in der Sprache produktiv werden.

Produktiv werden solche Attribuierungen besonders bei Übertragungen, Metaphern und Idiomen. Man spricht auch von der symbolischen Bedeutung der Körperteile. Hier eine kleine Übersicht, wie Körperteile produktiv werden. Dazu dann das ein oder andere Idiom.

Arm

Die Arme zeigen die Einstellung zum Gegenüber.
Der Arm wird lang und ergreift etwas.
Der Arm geht vom Rumpf weg.
Ich kann dir helfen. Mein Onkel hat einen langen Arm.

Augen

Augen stehen für sehen.
Sehen ist Wissen.
Er hat nur seinen Vorteil im Auge.

Bein
Beine stehen für laufen.
Mit den Beinen steht man (im Leben).
Der Trainer hat in wenigen Monaten eine Klassemannschaft auf die Beine gestellt.

Fuß
Fuß steht für Auftreten.
Fuß ist unten.
Wer ist dir denn auf die Füße getreten?

Haar
Haar ist fein.
Haare sind nichts Sauberes.
Man kann immer ein Haar in der Suppe finden.

Hand
Hand steht für fassen, ergreifen.
Hand steht für Kontrolle, Verantwortung.
Alsbald streckte er seine Hände nach dem Parteivorsitz aus.

Herz
Herz ist der Ort der Gefühle.
Im Herzen ist Wärme.
Ihr blutete das Herz, als sie sah, wie die Soldaten mit den alten Büchern umgingen.

Kopf
Kopf ist der Ort des Denkens, des Verstands.
Kopf bedeutet Kontrolle.
Du wirst den Kopf bald nicht mehr so hoch tragen!

Herz und Kopf machen den Menschen aus.
Kopf und Herz sind sich oft nicht einig.

Mund

Mund steht für sprechen.
Mund steht für essen.
Drehen Sie mir doch nicht das Wort im Munde rum.

Nase

Nase steht für riechen.
Nase ist der am weitesten vorstehende Körperteil.
Mit dem Antiquariat ist er ganz schön auf die Nase gefallen.

Ohren

Ohren stehen für hören.
Ohren stehen für Aufmerksamkeit.
Erzähl mir alles, ich bin ganz Ohr!

Diese Attribuierungen sind nicht universal. Vielmehr kommen den Körperteilen in verschiedenen Kulturen verschiedene Symbolbedeutungen zu. So spielen im Türkischen Leber und Galle eine andere Rolle als im Deutschen. Die Leber hat im Deutschen mit Reden, Durst und Verärgerung zu tun. Im Türkischen ist sie der Sitz von schwerem Leid und Mitleid.

CÝÐER
ciðer acýsý [Leberschmerz]:
Verlustschmerz, besonders bei verlorenen Kindern
ciðerini delmek [seine eigene Leber durchbohren]:
jemanden sehr kränken
ciðeri yanmak [seine Leber brennt]:
einem großen Schmerz unterliegen
ciðerimin köþesi [Ecke meiner Leber]
Liebling, geliebtes Kind

SAFRA
safra atmak [Galle werfen]:
jemanden von sich fern halten
safra bastýrmak [Galle drücken]:
um den Hunger zu stillen, ein bisschen was essen
safrasý kabarmak [die Galle geht auf]:
vor Hunger Übelkeit verspüren

44. Wie sind Idiome zu verstehen?

Um Idiome besser zu verstehen, können Sie schrittweise vorgehen. Hier mit Beispielen mögliche Schritte, mit denen Sie Idiomen zu Leibe rücken könnten. Versetzen Sie sich dazu immer in die Situation einer, die das jeweilige Beispiel-Idiom nicht kennt.

1. Schritt: Etwas merken

Ehe man sich fragen kann, wie ein Idiom denn zu verstehen wäre, muss man das Ungewöhnliche bemerken. Dafür kann es mancherlei Anlass oder Indizien geben.

> Der Generalsekretär hat „die Katze aus dem Sack gelassen". Er stellte finanzielle Zuwendungen aus der Kasse der Partei in Aussicht. Da werden sich bestimmt einige in Erwartung der milden Spende die Hände reiben.

Woran merkt man, dass man den markierten Ausdruck idiomatisch verstehen muss. Entdecken Sie auch ein zweites Idiom? Welches sind die Stolpersteine im folgenden?

> Es überkam sie die Angst, von der CDU überholt zu werden und mit dem Schwarzen Peter allein im prasselnden Regen der öffentlichen Kritik zu stehen.

Der Peter, definiter Artikel, ist Peter ein allgemein bekannter Mann? Adjektiv groß geschrieben.

> Heute bist du Hahn im Korbe, Franz. Der Rudi hat abgesagt; wir fahren also zu viert: drei Mädchen und du.

Welches Indiz? Könnte man einen Hahn ernsthaft anreden?
Indiz für ein Idiom kann sein, dass man beim Lesen stolpert,

- ▶ weil der Autor schon ein Stolperzeichen gesetzt hat,
- ▶ weil die wörtliche Deutung keinen rechten Sinn ergibt,
- ▶ weil alles nicht so recht zusammenpasst,
- ▶ weil nicht recht eingeführt ist, wovon die Rede ist,
- ▶ weil irgendwas im Kontext zu fehlen scheint,
- ▶ weil die wörtliche Deutung eine Unwahrscheinlichkeit, einen Widerspruch ergibt.

2. Schritt: Das Skelett des Idioms und Ankerwörter ermitteln
Was genau gehört zu dem Idiom? Meistens gibt es da feste Teile und variable Teile. Die festen Teile und die grammatische Struktur bilden das Skelett des Idioms. Oft ist es der Stolperstein wie der *Schwarze Peter*. Die Ankerwörter prägen den Sinn. Sie sind der Ausgangspunkt für das Verstehen. Sie gehören immer zu dem Idiom und sind auch grammatisch fix. Wenn die Ankerwörter verändert werden, liegt eine Abwandlung, oft nur eine Anspielung auf das Idiom vor.

3. Schritt: Die Ankerwörter ausschlachten
Die Ankerwörter sind oft ein Schlüssel zum Verstehen eines Idioms. Man geht von ihrer normalen Bedeutung aus und schaut, was einem dazu einfällt.
Man kann einfach Assoziationen kommen lassen oder überlegen, was typisch mit den Wörtern verbunden wird, was man über die bezeichneten Dinge, Personen und Handlungen weiß, oder man kann das semantische Umfeld abgrasen nach Bedeutungsverwandten. Solche Einfälle überprüft man in der jeweiligen Verwendung.

4. Schritt: Paraphrasen abgleichen und Synonyme
Paraphrasen geben erste Hinweise auf die Bedeutung. Sie erfassen aber nie den vollen Sinn, seien sie auch noch so lang. Insbesondere bringen sie den doppelten Sinn nicht zum Ausdruck. Um den vollen Sinn zu erfassen braucht es viele Methoden. Also überlegen:
► Welche Paraphrase erfasst den Sinn wohl noch am besten?

5. Schritt: Den Kontext befragen
Der Kontext ist eine wichtige Hilfe. Man sollte ihn genau befragen. Bloß nicht das Idiom aus seiner natürlichen Umgebung lösen. Damit verschenkt man gute Hinweise. Die zweite wichtige Hilfe ist unser Wissen, was uns einfällt. Wir können es verwenden, Vermutungen anstellen und überprüfen.

6. Schritt: In die Tiefe gehen

Idiome haben mehrere Sinnschichten. Im Vordergrund: der jetzige, idiomatische Gebrauch mit all seinen Finessen. Im Hintergrund: der ursprüngliche Gebrauch mit den Selbstverständlichkeiten früherer Lebenswelten.
Gutes Verstehen eines Idioms berücksichtigt Vordergrund und Hintergrund, und vielleicht auch den Weg dazwischen. Dass der wörtliche Sinn von Idiomen wichtig ist, zeigt sich darin, dass wir sie öfter wörtlich träumen und vor allem physisch direkt empfinden können, wenn einem die Knie schlottern.

Unser Grundwissen zum Verstehen eines Idioms kann sich aus verschiedenen Quellen nähren.

- Es kann allgemeines Bildungswissen sein, über das wir alle in unterschiedlicher Ausdehnung und Ausprägung verfügen.
- Es kann als Teil dessen auch geschichtlich orientiertes Wissen sein.
- Es kann Wissen über die eingetretenen Wege sprachlicher Übertragung sein, zum gut Teil methodisches Wissen und Vermutungsfähigkeit.

Für den Ausgang des rätselhaften *durch die Lappen gehen* erzählt man folgende Geschichte:

> Der Ausdruck stammt aus der Lebenswelt der Jäger. Den Jägern ist seinerzeit manch Wildstück durch die Lappen gegangen: Bei Treibjagden hängten sie wehende bunte Stofflappen auf, vor denen das Wild schreckte und zurück den Jägern in die Fänge lief. Das ein oder andere Stück witschte aber durch die Absperrung und entging den Jägern.

All diese Geschichten sind mit Vorsicht zu genießen, es ist immer fraglich, ob sie stimmen. Aber sie schaffen und stützen ein Verständnis.

Hier bitte noch ein paar Embleme. Welche Redensarten sind dargestellt?

45. Wie gefährlich ist Höflichkeit?

Höflichkeit ist eine Zier. . . . Doch es geht auch ohne ihr. Ist das nicht eher eine zynische Weisheit?
Höflichkeit ist Öl im Getriebe des menschlichen Zusammenlebens. Ohne Zweifel ist das Zusammenleben angenehmer, wenn es höflich hergeht. Höflichkeit ist eine Sache des Tuns, nicht des Seins. Was dabei im Einzelnen als höflich gilt, ist ein anderes Problem. So mag es in anderen Kulturen ganz anders gehen, höflich zu sein. Ja, schon innerhalb unserer Kultur, muss die Höflichkeit verstanden werden. Echte Höflichkeit ist zweiseitig. Das Grundprinzip ist gegenseitige Rücksichtnahme. Es heißt: „Do ut des". Ich gebe, damit auch du gibst.

Höflichkeit spielt natürlich in der Kommunikation ihre Rolle. Gemeinhin wird Höflichkeit als einer besonderen Anstrengung bedürftig gesehen. Sprachlich und kommunikativ geht es besonders darum, ein bisschen mehr zu tun als der Normalfall und kommunikative Maximen verlangen würden: Ein Wörtchen mehr, etwas stilistisch Gehobenes, eine schwierigere, komplexere, seltenere Form (Konjunktiv II etwa), ein indirekter Sprechakt.

Etwas genauer betrachtet geht es darum, das face, das Gesicht oder auch das Selbstbild des Partners zu wahren. Das Selbstbild wird in jeder Gesprächssituation entweder bestätigt oder bedroht.
Bei einer Art, bei der schonenden Höflichkeit, geht es darum, dem Partner seine Handlungsmöglichkeiten nicht zu beschneiden. Es ist eine defensive Art der Höflichkeit, dem Partner nicht zu nahe zu treten. Darum werden etwa Aufforderungen abgemildert, oft eher indirekt ausgesprochen: Einleitende Entschuldigungen, Heckenausdrücke oder Passivstrukturen.

Ein Beispiel hierfür wäre: „Entschuldigen Sie, könnten Sie bitte das Fenster öffnen?" Um dieses Ziel zu erreichen, kann man noch milder sagen: „Es ist aber sehr kalt hier", ohne dass sich der Adressat angesprochen fühlen muss. Die Sprecherabsicht wird nicht offenkundig gemacht und muss erschlossen werden.

Bei der zweiten Art, der hebenden Höflichkeit geht es eher um Bauchpinseln. Vor allem geht es darum Gemeinsamkeit und Nähe zu betonen. Dazu sind auch Komplimente von Nutzen.

Höflich sein heißt eigentlich immer: etwas mehr als normal tun. Hier kriegt man es zu tun mit Paul Watzlawicks „Mehr desselben". Wie soll man dosieren? Je höflicher die Leute, umso mehr wird der Standard gehoben. Das Prinzip hat fatale Folgen: Höflichkeit verbraucht sich. Es kommt zur Pejorisierung höflicher Ausdrücke. Höfliche Ausdrücke nutzen sich ab. Im Mittelalter war die Anrede *frouwe* hochgestellten Personen vorbehalten. In der Normalisierung verlor sich der Höflichkeitsaspekt.

Höflichkeit lebt also vom Besonderen. Um besonders zu sein, braucht es das Normale. Die Idee, Siezen sei besonders höflich und das Sie sei ein Höflichkeitspronomen, liegt ziemlich daneben. Siezen ist unter den entsprechenden Gebrauchsbedingungen der Normalfall und Duzen desgleichen. Wenn Sie plötzlich Ihre Mutter siezen, wird sie das nicht als besonders höflich empfinden. Und wenn ein Alter im Sportstudio von einer Jungen gesiezt wird, ist das gewiss kein Kompliment – sogar, wenn es als höflich gedacht ist.
Sich bedanken etwa ist der Normalfall. Sogar sich bedanken für etwas, das man bezahlt hat.

Höflichkeit wird schon mal verwechselt mit Etikette. Da könnte man sie leicht fest machen. Denn es geht um festgelegte und oft schwer begründbare Verhaltensregeln. Das Wort Höflichkeit kommt ja daher: Wie es am edlen Hofe zuging. Dieser Art Etikette ist im Innersten elitär. Hier liegt die gegenseitige Rücksichtnahme nur darin, dass die Partner die Regeln berücksichtigen und genau befolgen. Etikette kann zum Zwang werden. Höflichkeit ist freiwillig.

Höfliches Reden kann man auch ironisch nutzen:
Der kleine Knirps verliert grad seinen Euro.
Die kleine Maus dabei schnappt sich die Münze und sagt: „Danke".

Oder sie kann einem zu denken geben, wenn sie etwas unangebracht erscheint:
Ich halte meiner Frau – wie immer? – die Tür auf. Und bekomme ein Danke. Is was? – denke ich.
Da können Eheleute sich ihre Gedanken machen.
Eine stille Gemeinheit? Tut sie so, als täte ich es aus Höflichkeit oder normal nicht?
Möchte sie sich ankratzen, versöhnen nach dem Krach von gestern?
Ich bin versucht, eine Typologie für das *danke* zu entwickeln.

46. Komplimente – Wie und wozu denn?

Komplimente sind ein Fall der positiven Höflichkeit. Es geht darum, dem Partner Wohlgefühl zu verschaffen und sein Wohlwollen zu gewinnen. Das ist nicht immer einfach. Ja, es kann sogar nach hinten losgehen.
Der Stern zeigt etwas von der Zweischneidigkeit.

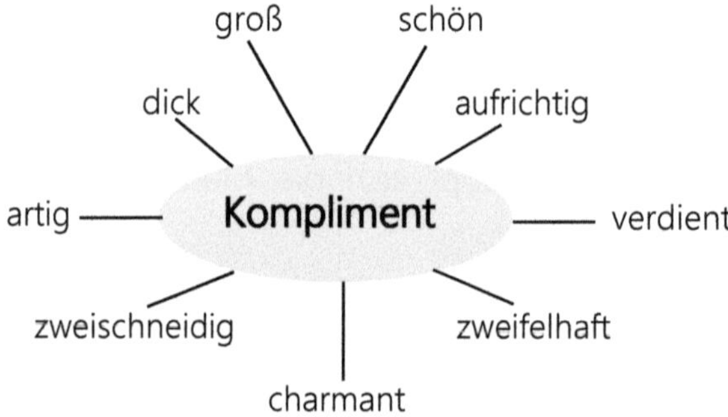

Komplimente sind was Nettes. Sie sind der Schmierstoff einer guten Beziehung. Aber wie leicht können sie schmierig werden! Wie bei aller Kommunikation kommt es aufs Feintuning an. Das Kompliment sollte als solches gedacht und verstanden werden. Da es eine Art Lob enthält, müssen die gegenseitigen Bewertungsmaßstäbe stimmen.
So mag „Madame, Sie sind so schön füllig geworden" in Afrika als Kompliment genommen werden, bei uns aber schwerlich.
Und dann muss man immer bedenken: Der Komplimenten-Drescher will auch was. Also methodisch vorgehen?
Gängige Komplimente wirken öfter wie mit der Komplimentendreschmaschine gebastelt und wirken trotzdem. Warum? Weil der Adressat die Absicht versteht und es genießt. Komplimente müssen mit Wahrheit wenig zu tun haben. Der Adressat muss auch nicht glauben, was da gesagt wird. Er muss die Absicht verstehen und vielleicht das Können.

Jede Steigerung hat die Chance zum Normalfall zu verkommen. Komplimente sollen das Besondere des Empfängers herausheben, drum sollten sie selbst auch besonders sein. Originalität ist ein Ingredienz des packenden Kompliments. Das kann man auch an den kosenden Anreden erkennen, mit denen Panegyriker sich übertroffen haben von Eichendorffs „Du schönste Wunderblume süßer Frauen!" bis hin zum Dada-Schwitters „Oh Du, Geliebte meiner 27 Sinne, ich liebe Dir!". Hauptsache, es glückt, man kommt an, selbst wenn es etwas ausgelutscht ist.

Alle Komplimentierer verfolgen Ziele. Darum ist das Hauptziel des Komplimentierers, sein Ziel zu verstecken, zumindest der Komplimentierten die Chance zulassen zu meinen, das Ziel sei versteckt. Fein sind da indirekte Komplimente. Sie funktionieren eher, wenn man sich gut kennt:

> Seit wann wohnen Sie hier? – Oh, seit Jahren. – Und ich dachte, ich kenne alle hübschen Frauen der Gegend.
>
> So einen Turmalinring hätt ich auch gern.

Sie sind aber riskant, können leicht missglücken, weil die Adressatin das Ihre hinzutun muss.

Der Schuss geht nach hinten los, wenn das Kompliment als Schmeichelei wahrgenommen wird. Also nicht ganz übertrieben vom Wahrheitsgehalt weg! Oder besser: Was B gern für wahr halten würde und vielleicht hält. Zumindest sollte B ein bisschen glauben können, dass A das glaubt.

Doch missglückt heißt noch lange nicht gemein. Abgeschmackte Komplimente können nun allerdings gemein werden. Vor allem, wenn sie die unterschwellige Botschaft enthalten: „Bei Ihnen fällt mir nichts Neues ein". Und genau so verstanden werden:

> Ihre Augen leuchten wie Sterne.

Auch überzogene sind gefährlich. Sie können nur ironisch zu verstehen sein:

> Neben dir verliert Aphrodite.

Selbst, wenn ein Kompliment gar nicht so gedacht, nur so verstanden wurde, wird es als Gemeinheit gewertet. Das ist nur ein Gefahrenpotenzial des Kompliments. Es gilt immer zu bedenken, wie die Partnerin gedanklich reagiert:

Du hast so gute Ideen. – Was andres erwartet?
Heute schaust du super aus. – Und gestern? Und sonst?

Ähnlich auch das Körnchen Salz: Man macht ein Kompliment und nimmt es gleich zurück. Danach oder in einem.

Das hast du wunderbar gesagt. Vielleicht ein bisschen übertrieben.
So klug und blond.

Oder zweifelhaft und ambivalent:

Du riechst so wunderbar.
Dein neues Kleid ist wunderbar. So wie du.
Dein Antlitz scheint so ebenmäßig wie der Mond.

Sie glauben hoffentlich nicht, das Komplimentieren sei asymmetrisch. Auch Frauen können Männern Komplimente machen.

Ich ende mal mit ein paar beherzigenswerten Sprüchen von Mark Twain:

Ein Dutzend Tadel sind leichter zu ertragen als ein linkes Kompliment.
So oft ich Komplimente bekam, ich hab immer gespürt: Sie sind noch nicht dick genug.
Nur ein Arschloch macht ein Kompliment und hofft auf die Früchte postwendend.
Wenn du keine Komplimente bekommst, mach dir selber welche.

47. Wie lügt der Mensch?

„Das Lügen ist ein Sprachspiel, das gelernt sein will, wie jedes andere" (Ludwig Wittgenstein: Über Gewissheit. 1969, §249). Ein Spiel im Sinne Wittgensteins. Im Leben ist Lügen eine ernste Angelegenheit. Wie geht das ernste Spiel?

Wir Menschen haben neben der gemeinen Lüge ein ganzes Lügenarsenal entwickelt. Augustinus hat die Lügen typisiert und auf seiner Lügenleiter angeordnet. Oben die schlimmsten:

- ▶ Lügen, die anderen schaden und niemandem helfen.
- ▶ Lügen, die anderen schaden und jemandem helfen.
- ▶ Lügen aus Lust am Lügen.
- ▶ Lügen, um anderen zu schmeicheln.
- ▶ Lügen, die niemandem schaden und das Leben eines anderen retten.
- ▶ Lügen, die niemandem schaden und die „Reinheit" eines Menschen retten.
- ▶ Lügen, die niemandem schaden und jemandem helfen.

Die verwerflichste – find ich – ist das Heucheln = lügen unter dem Deckmantel der Moral.

Nun aber wir und was wir alles unterscheiden. Typisch, dass so viele eher Abschwächungen sind. Das haben wir nötig.

verkohlen
cheaten täuschen
flunkern lügen
weismachen betrügen
schwindeln tricksen
rausreden heucheln erdichten
prahlen leugnen beschönigen
verheimlichen mogeln veräppeln
vertuschen
schummeln

Wie geht aber lügen? Wie ist der Sprechakt zu definieren? Ziemlich einfach:

- A lügt genau dann, wenn
- A behauptet, dass X, glaubt aber, dass nicht-X.

Mit dieser Definition ist auch die naive Ansicht vom Tisch, der Lügner sage die Unwahrheit. Wer kennt schon die Wahrheit. Entscheidend ist, was der Lügner glaubt.
Kant scheint der strikteste Gegner des Lügens zu sein. Er konstruiert den folgenden Fall: Gesetzt jemand fragt sie nach dem Aufenthaltsort eines Menschen. Sie kennen seine Adresse, Sie wissen aber, dass der Fragende ihn ermorden will. Müssen Sie den Ort entdecken? Kant sagt, ja Sie müssen. Das ist verblüffend und kategorisch. Es ist so verblüffend, dass sich darüber nachzudenken lohnt.
Einmal ist da die Tatsache, dass die Zukunft unsicher ist, noch unsicherer als die Vergangenheit. Woher nehme ich die Gewissheit, dass der Mordbube zuschlagen wird? Ich weiß es nicht. Dann ist die moralische Frage: Trage ich Verantwortung für den potentiellen Mord. Moralisch ist jeder für sich selbst verantwortlich, auch der Mörder.
Varianten des Lügens ergeben sich vor allem hierdurch: Mit allem, was man behaupten kann, kann man auch lügen. Damit steht auch zur Debatte, was unter behaupten zu verstehen ist. Aber lügen scheint nicht bei allen gleich verstanden. Kinder sagen, man habe gelogen, wenn sich Behauptetes als falsch herausstellt, selbst bei Prognosen. Die naive Auffassung findet sich auch bei Erwachsenen und in der Öffentlichkeit. Wesentlich ist aber, dass Lügner nicht glauben, was sie sagen.
Ein weiterer Aspekt ist: Gelingt die Lüge? Da kommt der Partner ins Spiel. Hat also A den B belogen, wie wir im Fall der gelungenen Lüge sagen? Wenn B schon glaubt, dass X, werden wir kaum sagen, A habe ihn getäuscht. Das Gelingen der Täuschung setzt voraus, dass B vorher nicht geglaubt hat, dass X.

Auch darum mag die Welt voller Lügen sein. In der Sprachkritik geht es vor allem darum, Lügen zu erkennen. Das aber ist meist schwierig. Die Kenntnis der Arten mag dabei helfen.
Dazu ein paar Verdachtsfälle, die mit lügen zu tun haben könnten:

- Unklar reden
- Unterstellen
- Angeben (= zu viel sagen)
- Ausweichen (= zu wenig sagen)
- Dramatisieren und aufbauschen
- Edle Lüge (weiße Lüge oder rettende Lüge)
- Euphemistisch oder verhüllend reden
- Lügen über Implikaturen
- Rätselhaft reden
- Schwallen und spinnen
- Verschweigen
- Zweideutig reden

Ein Wort zum Lügen über Implikaturen. Wenn etwa ein Zeuge sagt, er habe drei Männer beim Überfall gesehen, tatsächlich aber fünf gesehen hat, dann hat er per Implikatur gelogen, weil nach den kommunikativen Maximen, wer sagt „drei" eben auch sagt, dass es nicht mehr waren. Und wenn da auch noch ein paar Frauen dabei waren, hätte der Zeuge zumindest etwas verschwiegen und damit wohl auch gelogen.

Ein anderes und schlimmeres kommunikatives Phänomen ist Bullshit. Wer bestimmte Politiker etwa Trump der Lüge zeiht, der hat diese Art der Kommunikation nicht verstanden. Dem Bullshitter ist alles egal. Er will nur Proselyten machen. Er steht nicht grade für seine Behauptungen. Er kann heute dies und morgen das behaupten.

Bullshitter können nicht lügen.
Können trotzdem betrügen.
Glaub nicht, dass sie dahinterstehen,
Was wir Normalen da verstehen.

Moralische vor allen
Sind schon reingefallen,
Wenn sie Bullshit kritisieren
Und als Lüge deklarieren.

Nach Bullshitmoral
Ist alles egal.

Lügen haben kurze Beine.
Lügner kannst du an den
Hammelbeinen fassen.
Bullshitter haben keine.
Da musst du passen.

Kluge Psychologen sagen, Kinder können bis zum vierten Lebensjahr noch nicht zwischen Realität und Fiktion unterscheiden. Na ja, wenn man es so formuliert. Übrigens können das auch Erwachsene nicht.
Vielleicht sollten wir uns da fragen, ob man wirklich von einer Lüge reden kann oder sollte. Es gibt nicht nur das Spiel mit der Lüge, sondern auch das Spiel mit dem Wort *Lüge*. Jemanden der Lüge zeihen ist ein harter Vorwurf und da bräuchte man schon harte Argumente.
Könnte man nicht auch im Lügenlernen einen moralischen Wert sehen? Nicht umsonst heißt es:
Ein Lügner glaubt keinem.

48. Was bewirken wir mit Gesten?

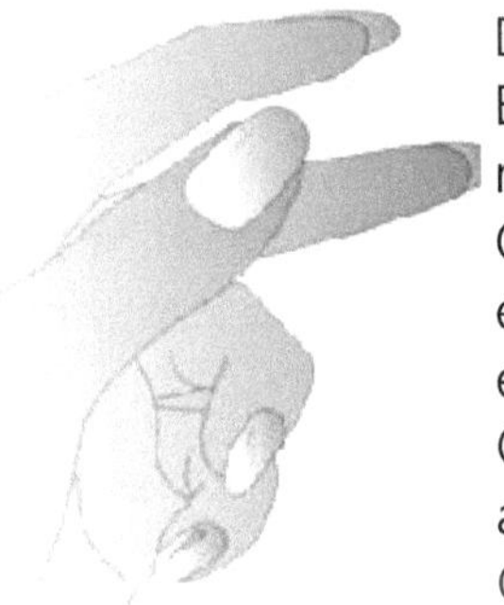

Diese Geste kennen Sie? Brauchen Sie sie auch schon mal?
Oder verwenden Sie sie einfach so. Angeblich ist es eine typische italienische Geste, wie ja die Italiener allgemein als Weltmeister der Gesten angesehen werden.

Die Geste ist eine elegante Schwester des mano cornuto. Sie dient der Abwehr des Satans und dergleichen, also auch für Menschen.
Gemeinhin wird Gestik als eine Sparte der nonverbalen Kommunikation gesehen. Gesten werden mit Händen und Armen ausgeführt. Man könnte auch manche Bewegungen des Kopfes und der Schultern hinzuzählen. Bei einer Geste erzeugt man eine bestimmte Formation der Hand, besonders der Finger. Diese starre Formation steht im Vordergrund. Sie wird dem Partner gezeigt. Darum werden Gesten auch oft in starren Bildern dargestellt. Aber eine Geste ist eigentlich eine Bewegung und die Art der Bewegung, ihr Tempo und ihre Richtung können wichtig sein.
Zu unterscheiden sind konventionelle Gesten vom eher sprechbegleitenden Gestikulieren. Die konventionellen sind Zeichen einer bestimmten Art. Man versteht sie nur, wenn man sie kennt: ihre Form, ihre Ausführung und ihre Funktion.

Aber das Verstehen kann gestützt sein:

- Viele sind ikonisch zu verstehen. Das heißt: Ihre Form zeigt irgendwie eine Analogie zu ihrer Bedeutung.
- Andere Gesten sind eher assoziativ zu deuten: Es fällt einem etwas ein zu dieser Bewegung und Formation.
- Schließlich gibt es auch Gesten, bei denen historische Tatsachen und entsprechendes Wissen eine Rolle spielen.

Weitgehend ikonisch ist das Zahlenzeigen. Das erste Bild zeigt eine chinesische Eins, das zweite ein Drei.

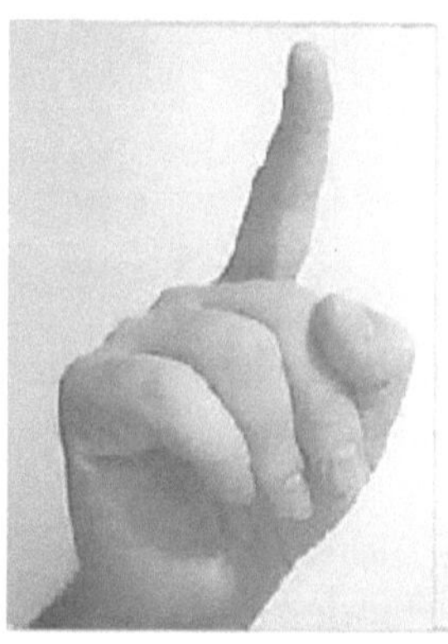

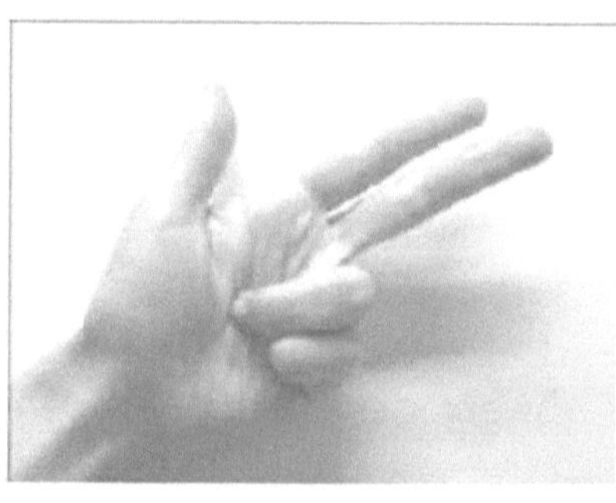

Wir sehen, die Anzahl der Finger zählt. Im Deutschen würde der Rücken gezeigt und von manchen vielleicht der Daumen. Gesten sind visuelle Zeichen. Sie sind nur nützlich in der face-to -face-Kommunikation. Manche Forscher sehen Gesten als urtümliche Form in der Entwicklung menschlicher Kommunikation. Die heutigen Gesten seien oft Substrate einer älteren Schicht. Das gelte vor allem für Zeigegesten, die auch in der Ontogenese nur bei Menschen und nicht bei Primaten vorkommen. So gesehen könnte man sich auch vorstellen, wieso die Lautsprache sich evolutionär durchgesetzt hat, und vor allem, warum sie so hoch differenziert wurde.

Wichtig in der Evolution wäre dann aber der Unterschied zwischen lautlichen und visuellen Zeichen:

- ▶ Laute verbreiten sich in alle Richtungen.
- ▶ Unsere Ohren nehmen aus allen Richtungen wahr. Ein Alarm dringt von überall zu uns.
- ▶ Visuelle Zeichen verbreiten sich als Strahl.
- ▶ Sie verlangen den gerichteten Blick, die vorgängige Aufmerksamkeit.

Kommunikativ gesehen sagen Gesten im Vergleich zu sprachlichen Äußerungen wenig. Sie sind sehr undifferenziert.

Die sprechbegleitenden Gestikulationen sind nicht eigentlich für einen Partner gedacht und in diesem Sinn nicht kommunikativ. Das kann man gut bei telefonierenden Menschen sehen, die vom Partner gar nicht gesehen werden und dies auch wissen. Wozu machen sie ihre Handbewegungen? Dieses Gestikulieren kann man so auffassen wie eine kleine Pantomime. Mit Handbewegungen kann ein Erzähler sich als Darsteller fühlen und so seine Rede entsprechend lebendiger gestalten. Er kann zum Beispiel durch rhythmische Handbewegungen sich selber eine Taktierung und Betonung vorgeben und entsprechend seine lautlichen Äußerungen modulieren. Wenn dies der Partner auch sähe, würde die Erzählung zu einem kleinen Theaterstück.

Von dieser Art Gestik ist zu unterscheiden das Gebärden Gehörloser. Gebärdensprachen sind zwar auch visuell, aber sie werden als vollständige Sprachen angesehen, mit Lexikon und Syntax. Sie gehören insofern nicht zu unserer Fragestellung.

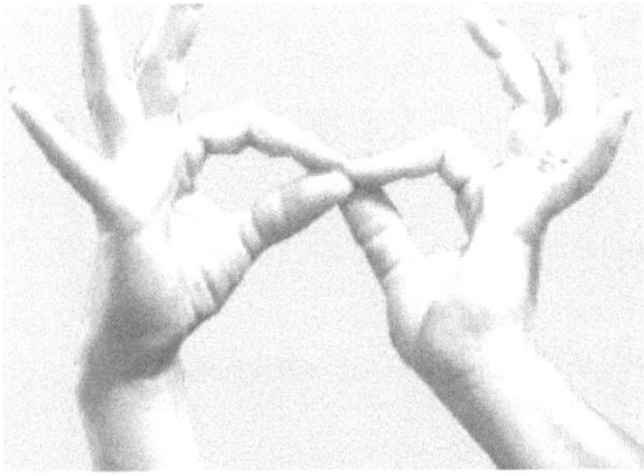

Und dennoch:
Was könnte wohl mit dieser kunstvollen Gebärde gemeint sein?

49. Sind Gesten universal?

Gemeinhin wird Gestik als eine Sparte der nonverbalen Kommunikation gesehen. Und wir denken uns, da sie nicht an Sprache gebunden sind, alle würden unsere Gesten verstehen. Darauf bauen wir etwa beim ikonischen Zahlenzeigen.

So etwa könnte eine deutsche Linkshänderin ihre 1 sehen. Und tatsächlich geht es anderswo genauso. Auf Amerikanisch wird aber der ausgestreckte Zeigefinger gezeigt, und zwar mit der Innenseite zum Partner. Interessant: Auf Chinesisch geht es genauso. Aber die Fortsetzung sieht ganz anders aus.

Wie Sie auf Deutsch eine 3 zeigen, wissen Sie.

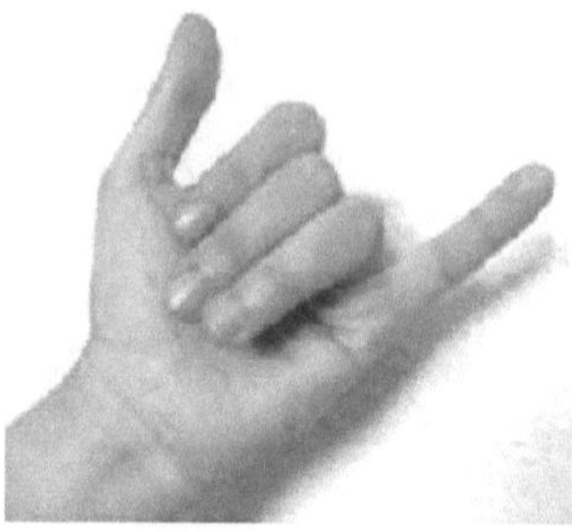

Hier könnten Sie zweifeln:
Wird eine 3 gezeigt mit den weggeklappten Fingern (was Japaner öfter nutzen) oder ist es noch eine andere 1 oder sogar eine 2?

Bei solchem Zahlenzeigen ist die Frage:

- Welche Finger werden gezeigt?
- Welche Finger zählen: die gezeigten oder die weggeklappten?
- Welche Seite der Finger wird gezeigt?
- Welche Hand wird verwendet?
- Werden sie starr gezeigt oder wird mit ihnen gewackelt?

Wenn man über die 5 hinauswill, nutzt man im Deutschen und Amerikanischen die zweite Hand. Chinesen und Japaner kommen aber mit einer Hand weiter. Sie gehen über das schlicht Ikonische hinaus. Wir erkennen, dass Ikonismus nicht alles ist. Konvention spielt immer hinein. So kommen Konventionen und auch Assoziationen ins Spiel.

Diese Geste ist vieldeutig, sowohl interkulturell wie auch innerkulturell.

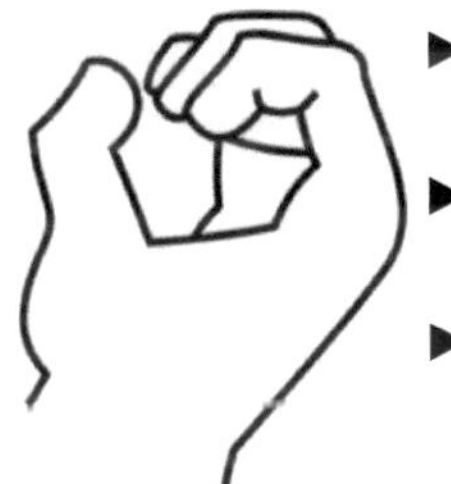

- Mit der ikonischen Assoziation „null" wird sie als Zahlzeichen verstanden.
- Mit der Assoziation „perfekter Kreis" wird sie verstanden als „ok, super".
- Mit der ikonischen Assoziation „Loch" ist sie weitgehend obszön.

Bei anderen Gesten kommt noch mehr, auch historisches Wissen ins Spiel.

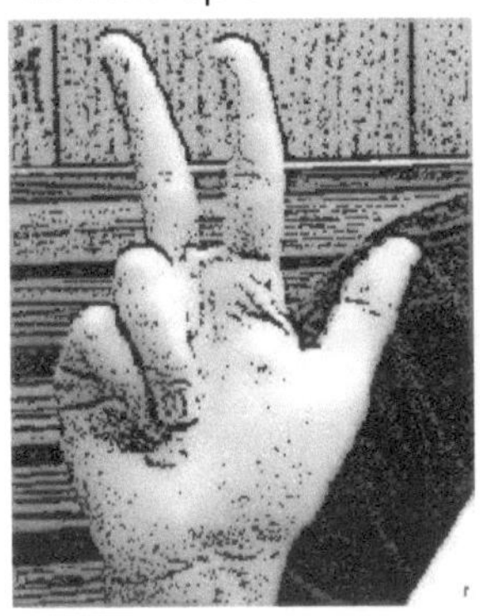

Diese Geste zeigt ikonisch eine Drei. Es soll aber eine serbische Geste sein. Sie steht für die Dreieinigkeit.

Und auch die Einser-Geste vom Anfang hat mancherlei Bedeutung.

Viele meinen, wenn man keine gemeinsame Sprache hat, dann könne man sich mit Gesten verständigen. Das kann eine gefährliche Hoffnung sein. So heißt es, man solle vorsichtig sein mit der Einser-Geste in Brasilien.

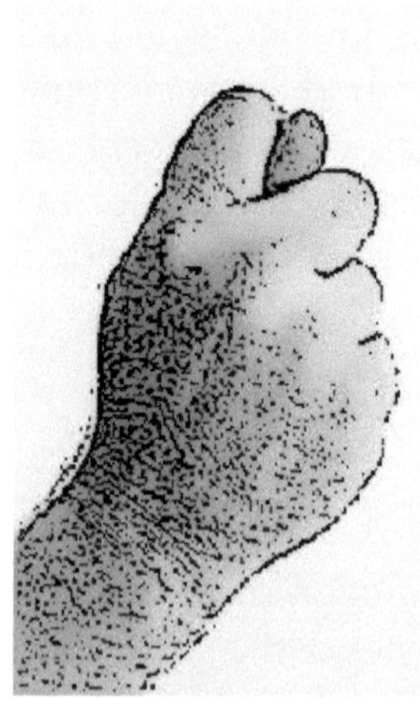

Und erst recht mit der hier links: La fica = die Feige, in der Antike ein Fruchtbarkeitssymbol.
Feigenhand-Talismane gelten in Portugal und Brasilien noch heute als Glücksbringer. Italienisch ist schon das Wort – wie so viele Früchte – sexualisiert (Vulva). Und die Feigenhand deutet Sex an. In ganz Europa und in China ist die Geste ähnlich vulgär. Sie wird auch als vulgäre Ablehnung, eben mit dem sexuellen Anklang, verwendet.

Im Russischen wohl auch als normale Ablehnung.
Im Kinderspiel gibt es die süße Verwendung: „Bätsch, ich habe deine Nase!"
So also ist unsere Eingangsfrage zu verneinen.
Bei anderen Gesten geht es noch wilder zu.

50. Was bewirkt das Gesicht?

Wie schaut das Kind links in die Welt?
Und wie das Kind rechts?
Gesicht hat etwas mit *sehen* zu tun.
Hier geht es darum,
- wie wir ausschauen,
- wie wir schauen.

Wie wir ausschauen, dafür können wir in gewissem Sinne nichts. Das Gesicht ist erst einmal angeboren, es wächst langsam heran und vielleicht graben sich Erlebnisse ein – sagt man so. Aber viel ändern können wir da nicht. Wie wir schauen, dazu können wir viel tun. Wir können so oder so kucken und wir können unser Gesicht verziehen. Es geht dabei um die Mimik. Mimik wird sicherlich partiell gemacht, aber der Produzent hat es nicht ganz einfach. Er sieht ja nicht, was er tut. Das heißt, er lernt den kommunikativen Effekt nur über die Reaktionen der Partner kennen. Wir haben es auf jeden Fall mit kommunikativer Zweiseitigkeit zu tun.

Mimik wie Gestik sind Ereignisse in der Zeit. Es gibt sehr schnelle, kurze und unauffällige Gesichtsbewegungen, die kommunikativ verwertet werden. In Bildern haben wir sie nur eingefroren. Aber auch nach stehenden Bildern schreiben wir kommunikative Absichten und gar stehende Eigenschaften zu. Ja, hierbei wird sogar das Aussehen wahllos vermengt mit dem, wie jemand schaut.

Mimik ist ein weites Feld. Wir haben viele Ausdrucksweisen, um sie zu fassen. Die Stirn kann man in Falten legen, runzeln oder auch nur kräuseln. Den Mund kann man verziehen oder zusammenpressen. Die Nase kann man rümpfen. Sie in anderer Leute Angelegenheiten stecken ist schon nicht mehr Mimik.

Und wie wäre es mit „Schau mir in die Augen Kleines"? Eine Ehevermittlung hat ihrer Klientin avisiert der zu vermittelnde Partner habe einen kleinen Makel, einen winzigen Fehler im Auge. Schon beim ersten Treffen in einem Restaurant hat es gefunkt. Sie hat ihm so interessiert in die Augen geschaut, dass er hingerissen ward.
Augen sind der Spiegel der Seele. Schauen Sie ein paar Blicke an. Können Sie die nachmachen oder im Geiste vormachen?

traurig kritisch scharf skeptisch neugierig voyeuristisch ironisch liebevoll glasig nüchtern streng Blick fragend wach starr böse

Dies alles sind Deutungen. Es gehört zur normalen Kommunikation. Das große Interesse an Gestik und Mimik ist aber auch ein Schnüffelinteresse. Man denkt, dass man geschult wird, etwas herauszubekommen, was der Partner gar nicht kundtun möchte. Dafür dann Versprechungen wie „. . . werden Sie lernen, die versteckten Botschaften in nonverbalen Signalen und Körpersprache aufzuschlüsseln und zu entziffern."
Falls Sie mit so geschulten Partnern zu tun haben, dann müssen Sie Gegenwehr üben. Lernen Sie einfach Mimisieren, um etwas vorzugeben. Das wird so ein Partner bestens schlucken. Er glaubt, dass er Ihnen auf die Schliche gekommen ist, und darum glaubt er es umso leichter und fester.

Gesichter lesen

Sie sind in einem öffentlichen Verkehrsmittel mit vielen Menschen.
Schauen Sie sich die Gesichter der Personen verstohlen an (nicht anstarren, nicht belästigen):

- Wie ist die Person X zurechtgemacht? Stilisiert als was?
- Können Sie zu einzelnen Zügen des Gesichts kleine Vergangenheiten erfinden?
- Sehen Sie Ähnlichkeiten mit einem Tier? Einem Vogel?
- Welche Rolle würden Sie die Person in einem Film spielen lassen?
- Wie wird die Person X gesehen bei einem kommunikativen Erstkontakt?

51. Was ist ein Wort?

Ein Wort ein Glanz, ein Flug, ein Feuer,
ein Flammenwurf, ein Sternenstrich
und wieder Dunkel, ungeheuer,
im leeren Raum um Welt und Ich.
Gottfried Benn

Ein Wort ist der kleinste selbständige sprachliche Bedeutungsträger.
Wörter sind sprachliche Einheiten, die in der Schrift durch Zwischenraum vom nächsten Wort getrennt werden und innerhalb des Satzes verschiebbar sind.

Als Sprecher wissen wir schon, was ein Wort ist. Wir wissen mehr als diese dürren Definitionen! Ein Wort ist viel mehr, vielleicht nicht ganz so poetisch wie bei Benn. Linguisten sind dem Wissen der Sprecher auf der Spur.
Wörter sind wandelbar. Sie haben eine multiple, fast metamorphotische Identität. Um sie zu fassen wählen wir eine Form als Grundform, *lieben* etwa, oder als Wurzel, *lieb* etwa. Diese Wahl aber ist eher willkürlich und nicht eindeutig. *lieben* ist nicht nur die Grundform, sondern auch zwei Pluralformen: *wir lieben* und *sie lieben*. Darum segmentieren Linguisten – und weitgehend die Sprecher – Wortformen so: *lieb|en*.
Ein Wort ist sein ganzes Paradigma: *liebe, liebst, liebt, lieben, liebte, liebten, liebtest, liebtet, liebend, geliebt*. Ein deutsches Verb kennt drei Positionen und vier Kategorien mit jeweils x Alternativen. Somit etwa y Formen. Es gibt Sprachen wie Eskimo oder Türkisch, die nach einer solchen Analyse für ein Verb mehr als tausend Formen haben.
Die Ausformungen im Paradigma werden geschönt und überzogen geordnet dargestellt. Im klassischen Paradigma hat jede Form ihren Platz und viele Plätze werden durch die gleiche Form besetzt. Ob wir Wörter so im Geiste ordnen und suchen?

Das ist eine offene Frage. Wichtig dabei ist: Halten wir all die Wortformen im Geiste parat oder bauen wir sie on the fly? Besonders frequente dürften direkt zugänglich sein, seltene produzieren wir nach Regeln.
Wörter leben in Familien: *lieb* und *lieblich, allerliebst* und *allerlieblichst; beliebt, beliebig* und *Belieben*. *Mutterliebe* und *Vaterliebe*. Unklarer, aber gleich gebaut: *Brautliebe, Christenliebe, Friedensliebe, Frauenliebe*. Nicht zu sprechen von *Affenliebe, Hassliebe* und *Liebesentzug; Liebling, Frauenliebling* und *Lieblingsbeschäftigung*.
Wie in Familienstammbäumen kann man die Verwandtschaft zeigen.

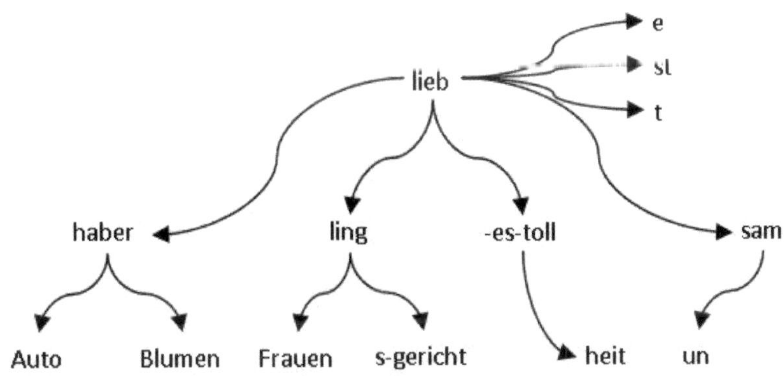

Enigmatisch blieben vielleicht *ablieben* und *durchlieben*.
Ein bisschen Aufklärung liefert schon Heinrich Heine:

Hat man die Liebe durchgeliebt,
Fängt man die Freundschaft an.

Liebe hat wie jedes Wort einen Hofstaat um sich herum.

Wörter sind wie Münzen. Eine Seite die Form, die andere ihre Bedeutung. Ein Aspekt der Bedeutung ist hier gefasst in einem assoziativen Netz. Ein Wunder ist, dass wir annehmen, irgendwie sei das Netz bei allen Sprechern gleich. Und ein größeres Wunder, dass das über weite Strecken so ist!

Wenn man unsere Leitfrage etwas anders betont und den Akzent auf *ein* legt, kommt man zu einem ganz anderen Problem, das schon anklang in der zweiten Definition. Unser intuitives Wissen kann ins Schleudern kommen, wenn es unter normativen Bedingungen zur Anwendung kommt.
Das kennen wir aus der Orthographie, die mit dem besten Willen normiert ist. Wenn sie von uns verlangt, dass wir alles zusammenschreiben, was ein Wort ist, dann sollte darüber ja Einvernehmlichkeit herzustellen sein. Bei Wörtern *durchlieben* ist das noch kein Problem. Wenn die beiden Teile getrennt sind, dann kommen wir gar nicht Versuchung, sie zusammenzuschreiben: „Wer liebt die Liebe schon durch?" Allerdings könnten nun schon Zweifel auftreten: Warum schreibt man *durchlieben* zusammen? Es sind doch zwei Wörter. Verwirren Rechtschreibregeln nur unsere Intuition?

Es heißt, es gebe Sprachen wie in gewissem Sinn das Chinesische, die überhaupt keine Wörter haben. Sollte das angenehm sein und das Gedächtnis entlasten? Keine Angst, diese Sprachen haben andere Mittel, das zu erreichen, was wir mit Wörtern erreichen. Und keine falschen Hoffnungen:
Alle Sprachen dürften sich in ihrer Komplexität nichts geben.

52. Was ist: die-Bedeutung-eines-Wortes?

Ganz naiv ist die Antwort (sie wird öfter alten Philosophen zugeschrieben): Die Bedeutung eines Wortes ist der bezeichnete Gegenstand. Die Bedeutung von *Baum* ist der Baum. Aber welcher? Mal dieser, mal jener? Dies wäre rechter Unsinn. Nicht viel besser ist der Ausweg, wir hätten eben eine Vorstellung, gar ein Bildchen eines Baums im Kopf. So etwas finden wir auch dargestellt beim linguistischen Erzvater Ferdinand de Saussure. Es ist das Saussuresche Ei, das allerdings nicht eigentlich von ihm stammt.

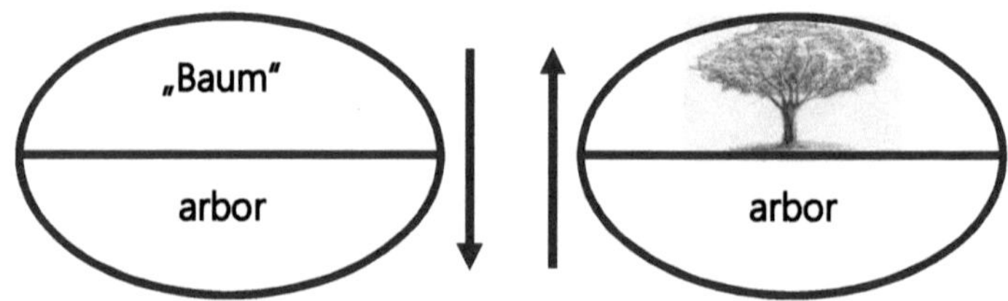

Aber wichtiger noch: Woher weiß ich, wie es in Köpfen aussieht? In meinem Kopf gibt es gewiss viele Bilder von Bäumen. Und in Ihrem? Vor allem können wir unsere Bildchen nicht vergleichen. Darum wüssten wir nie, ob wir die gleiche Bedeutung mit einem Wort verbinden.
Praktisch finden wir nun aber doch Antworten auf unser Problem. Wir schauen einfach ins Wörterbuch. Aber in welches? Obwohl die Wörterbuchmacher gewiss voneinander profitieren (abschreiben?), steht nicht das Gleiche drin:

Bedeutung
1. Sinn, der in Handlungen, Gegebenheiten, Dingen, Erscheinungen liegt
1. begrifflicher Inhalt eines Zeichens

Bedeutung
1. bestimmter Sinn
2. wechselseitige Beziehung
3. zwischen Name und Begriff, Wortinhalt
4. Wichtigkeit, Geltung

Sollten die Unterschiede eigentlich unerheblich sein? Und was bringt es, wenn man andere Wörter wie *Sinn* dafür bekommt? Oder ganz schwammige wie *Begriff*?

Ganz schwierig wird es mit Wörtern anderer Art. Was ist die Bedeutung von *über*? Und dann sollten wir noch unterscheiden:

- Ein Wort hat Bedeutung.
- Ich kenne die Bedeutung.
- Ich formuliere die Bedeutung.

De Saussure war allerdings weiter, als ihm nachgesagt wird. Er bringt hier die Idee und Redeweise von *valeur* ins Spiel. *Valeurs* oder Werte spielen zweierlei Rollen. Nach einem alten Topos wird menschliche Kommunikation mit dem Handel verglichen, der Austausch von Ideen ist so etwas wie der Austausch von Waren oder von Waren gegen Geld. Der Wert eines Zeichens bestimmt sich einzig und allein im System der Sprache. „. . . die Sprache ist ein System von reinen Werten". Dabei geht es vor allem darum, wie sich die Werte, etwa Wörter, gegenseitig das Feld aufteilen, wie sie sich voneinander abgrenzen. Wo wir im Deutschen im Feld nur *Schaf* haben zum Beispiel, gibt es *mutton* vs. *sheep* im Englischen, die das Feld anders aufteilen als im Deutschen, wo beides nicht so unterschieden wird. Sie haben einen anderen Wert. Und für manche Wörter gibt es in anderen Sprachen erstaunliche Lücken. So wenn es im Italienischen kein Wort für *billig* gibt.

Wie kommt ein Wort zu seiner Bedeutung?
Aber so wie der Wert im Handel kommt die Bedeutung zustande im Gebrauch der Sprache. Sie ist nicht irgendetwas außerhalb, sondern nur das, was wir kommunikativ damit machen können. Und das zu beschreiben, zu formulieren ist ein weites, weites Feld.
Und die Antwort auf die Frage, welche Bedeutung denn ein Wort nun hat, ist ein noch weiteres, das wir extra explorieren müssen.
Die Bedeutung eines Wortes ist sein Gebrauch in der Sprache. Ok, vielleicht wissen wir alle, wie wir ein Wort als Person verwenden würden. Aber schon das ist problematisch, weil uns vielleicht Wichtiges nicht einfällt. Und vor allem, weil wir das Wort vielleicht gebrauchen wie andere Sprecher. Aber formulieren und formulieren können, wie wir das Wort verwenden, ist eine ganz andere Sache.

Versuchen Sie sich mal mit dem Wort *Wort*. Ich will Ihre Versuche nicht offline kritisieren, aber ich gebe Ihnen die Chance zu vergleichen.
Hier eine kleine Übersicht, die sich ein großes Sprachkorpus zunutze macht und ermittelt, in welchen Zusammenhängen das Wort verwendet wird.

Das ist natürlich nur eine Art Skelett, um das viel Fleisch gehören würde. Aber es ist der Anfang einer empirisch fundierten Antwort auf unsere Ausgangsfrage. Hier als Beispiel für die Methode.

53. Welche Arten von Wörtern sind zu unterscheiden?

Eine erste Unterscheidung ist die in Autosemantika wie *grün* und *Sonne*, denen eine eher eigenständige Bedeutung zukomme, und Synsemantika wie *durch* und *der*, die eher im Kontext, im Satz ihre Funktion haben. Autosemantika werden auch als Inhaltswörter bezeichnet, Synsemantika als Funktionswörter. Am Beispiel *durch* kann man schon erkennen, das der Unterschied nicht trennscharf zu machen sein dürfte.
Bei den Nomen ist die wichtigste Unterscheidung die von Wort und Name. Im Alltag verwenden viele *Name* auch für *Wort*. So wahrscheinlich, wenn man sagt: „Der Name ist Schall und Rauch" oder „Raubvogel ist ein sprechender Name" oder die Dinge beim Namen nennt. Linguistisch ist zu unterscheiden zwischen nomen proprium und nomen appellativum, Namen und Wörter eben.
Eigennamen bilden eine eigene Klasse von Wörtern. Ein nomen proprium bezeichnet je einen einzelnen Gegenstand, ein einzelnes Ding, eine einzelne Art, ein einzelnes Ereignis. Der Name ist fest verbunden mit dem Bezeichneten. Er ist ein starrer Bezeichner, der in einer Art Taufakt gegeben wurde.
Eigennamen werden klassifiziert nach der Art des Bezeichneten: Personennamen (Vornamen, Familiennamen), geographische Namen usw. Nicht alle Eigennamen sind ein einzelnes Wort, so etwa *die Französische Revolution* oder *der grüne Heinrich*.
Appellativa sind Wörter mit Bedeutung. Im Gegensatz zu Namen werden sie nicht vergeben, sie sind historisch entstanden und haben sich historisch gewandelt sowohl in der Form wie in der Bedeutung.
Eine weitere Unterscheidung insbesondere für Nomen ist die nach ihrer Bedeutung in Konkreta und Abstrakta. Mit einem nomen concretum spricht man von Gegenständen, Menschen, Häusern, Wunden, Büchern usw. Mit einem nomen abstractum wie *Liebe, Lage* spricht man von Nicht-Gegenständlichem.

Bei den Nomen ist außerdem zu unterscheiden zwischen count nouns, also Zählwörter, und mass nouns, also Massewörter. Mit Zählwörtern können wir einzelne Gegenstände der Art unterscheiden: ein Haus oder drei Häuser. Bei Massewörtern geht es um Kontinuative, in denen keine einzelnen Gegenstände zu erkennen sind. Die Liebe etwa ist ein Kontinuativum. Man bekommt nicht irgendein Stück von der Liebe, wenn man liebt, und die Liebe wird auch nicht weniger, wenn mehr Menschen sich lieben. Auch Wasser ist ein Kontinuativum. Es meint die große Masse Wasser, in ihr können wir allerdings, anders als bei der Liebe, portionieren.

Traditionell unterteilt man den Wortschatz in Wortarten. Es sollte ein Arsenal wohldefinierter lexikalischer Kategorien sein, das mit möglichst wenig Kategorien auskommt, aber alle erfasst.

Synsemantika bilden kleinere, überschaubare Listen; die Listen sind abgeschlossen, werden nur über Jahrhunderte erweitert und verändert. Darum können wir sie durch Aufzählung definieren.

Autosemantika hingegen sind auf den Außensinn orientiert: Sie bilden größere, oft unüberschaubare Listen; die Listen sind offen, können sich im Sprachwandel leichter erweitern und reduzieren.

Traditionell werden Wortarten mit unterschiedlichen Kriterien gewonnen, entsprechend sind die Abgrenzungen weder präzise noch trennscharf. Die klassische Zehn-Wortarten-Lehre unterscheidet Substantiv/ Nomen, Verb, Adjektiv, Artikel, Pronomen, Adverb, Konjunktion, Präposition, Numerale und Interjektion. Diese Einteilung vermengt unterschiedliche Kriterien: semantische, morphologische und syntaktische. Die Wortklasse Numerale zum Beispiel soll irgendwie semantisch definiert sein. Aber da hätten wir dann vielleicht *zwei, zweitens, Million, dreifach* und andere, die sich grammatisch ganz unterschiedlich verhalten.

Eine detaillierte Übersicht in zwei Zweigen mit den Unterscheidungskriterien bietet dies:

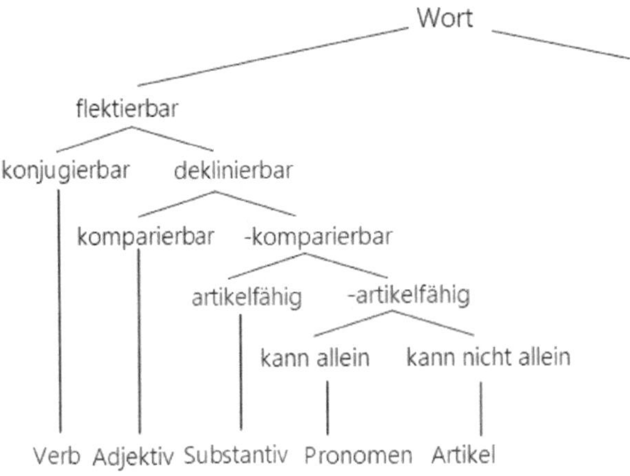

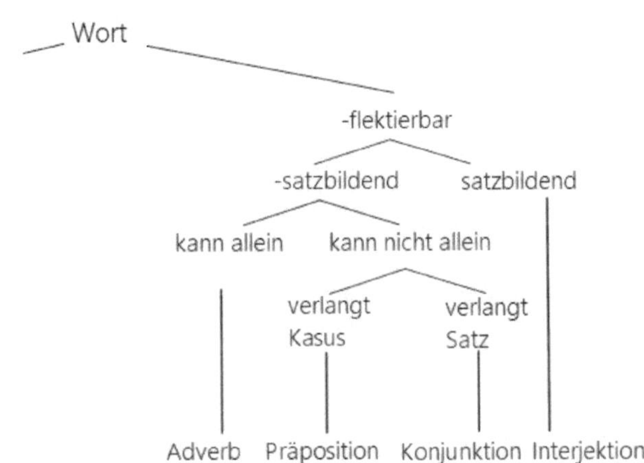

Da eine Sprache kein geplantes, sondern ein historisch gewordenes System ist, wäre es erstaunlich, wenn alle Kategorien einheitlich und klar geschnitten wären. Vielmehr bestehen zwischen den Lexemen einer Kategorie Familienähnlichkeiten: Ein gutes Nomen wäre sicher *Haus*, ein weniger gutes *Wurf*. Außerdem gibt es eher ungewisse Kandidaten: *bis, als, für*. Es gibt auch Wörter, die in verschiedene Kategorien gehören wie *leid*. Das verunsichert Sprecher und Orthographie-Regulierer, die wohl mal vorgeschlagen haben:

Das tut mir Leid.

Wir aber erkennen am *sehr*, dass es ein Adjektiv ist:

Das tut mir sehr leid.

54. Wie werden Wörter geordnet?

> Alphabetische Wörterbücher enthalten hunderte Fälle von karnevalistischem Denken:
> Der Baronin folgt der Barras, der Bardame der Barde, der Müllerin der Müllfahrer, die Betrunkenheit landet vor dem Betschemel, auf die Grabbeigabe folgt würdelos die Grabbelei, Glatzköpfigkeit glänzt neben Glaube, gleich neben dem Hostienteller liegt hündisch der Hotdog, nach Hurerei jubelt das Wörterbuch gar hurra . . .
>
> R. Kohlmayer (http:/ / www.fb06.uni-mainz.de/ fbpubl/ schnake/)

Diese Art der Ordnung ist Ihnen wohlbekannt. Doch es gibt auch Wörterbücher, die Wörter nicht nach der Form, sondern nach der Bedeutung ordnen. Da wären zuerst Synonymenwörterbücher, in denen Wörter nach ihrer Bedeutungsverwandtschaft zusammengefasst werden.

Zu *Bedeutung* wird dann schon mal angeboten:

1. Gehalt, Hintersinn, Inhalt, Sinn, Tenor
2. Bedeutsamkeit, Belang, Gewicht, Gewichtigkeit, Rang, Stellenwert
3. Achtung, Ansehen, Geltung, Wertschätzung, Nimbus, Prestige

Synonyme werden oft als bedeutungsgleich gehandelt, haben aber stets ihr eigenes Gschmäckle. Wörter haben zwar Bedeutung und manchmal auch Gewicht, damit ist aber dann gewiss etwas Anderes gemeint.
Ein anderes Ordnungsprinzip fasst Wörter nach sog. Sachgruppen zusammen. Im Unterschied zu Synonymen finden sich in einem Artikel dann Wörter verschiedener Wortarten. Solch ein dickes Wörterbuch gibt es für das Deutsche von Franz Dornseiff.

16.5 Fremder
ist nicht von hier • sie haben noch keinen Scheffel Salz miteinander gegessen ¶ fremd •
unbekannt • zugereist ¶ Abonnent ¶ Gast ¶ Habitué • Klient • Käufer • Kunde • Parasit •
Stammgast ¶ Badegast • Kurgast, Patient • Besucher • Kurant • Durchreisender • Emigrant, Flüchtling, Heimatvertriebener • Fahrgast, Passagier • Fremder • Fremdling •
Neubürger • Neusiedler • Passant • Reisender ¶ Neuling • ein Herr aus Kottbus •
Onkel Fritz aus Neuruppin • Ausländer • Zuzieher

Ein weiteres Ordnungsprinzip ist das nach Wortfamilien. Graphisch sähe das so aus.

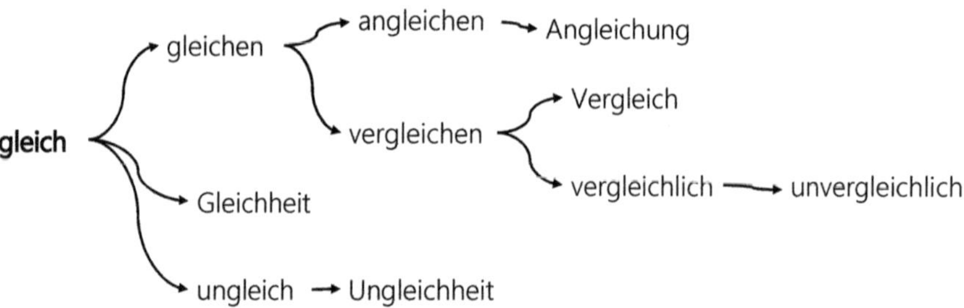

Im Wörterbuch wird die Familie alphabetisch nach der Wurzel geführt.
Eine ganz andere Frage ist: Wie stehen die Wörter im Kopf?
Mit dieser Frage ist schon vorausgesetzt, dass die Wörter im Kopf sind. Aber wo sonst? Nur, so richtig können wir nicht in die Köpfe schauen. Die Neurolinguisten behaupten, sie könnten es. Aber was sehen sie da?
Wissenschaftler verfolgen in solchen Fällen öfter eine indirekte Strategie: Sie entwerfen ein Modell und prüfen, welche Indizien, welche Symptome für das Modell sprechen. Ein naheliegendes Modell des mentalen Lexikons – so nennen wir das – wäre eine Art Wörterbuch. Was spräche für dieses Modell?

Eigentlich wenig. Vieles mehr dagegen: Wir kennen so viele Wörter, dass es uns schon verwundern könnte, wie schnell wir eines finden. Wir lesen einen Text ganz glatt, die Wörter stehen sozusagen parat. Aber wie stehen sie in unserem Kopf? Wenn sie da so stünden wie in einem Wörterbuch, könnte man sich schwer vorstellen, dass man so schnellen Zugriff hätte.

Wir kennen so viele Wörter und verstehen und finden sie blitzartig. Mit einer alphabetischen Liste, die wir absuchen, ist das nicht zu erklären. Auch die Forscher können natürlich nicht in unsere Köpfe schauen, sie untersuchen Indizien: Reaktionsgeschwindigkeiten, Response und Versprecher verschiedener Art.

Für die Verwendung und den Zugriff auf ein Wort sind drei Aspekte wichtig:

- die phonologische Form,
- die Bedeutung,
- die Wortart.

Zu allen drei Aspekten gibt es interessante Ergebnisse. Nie geht es dabei um die reine Wahrnehmung. Vielmehr bauen wir beim Lesen im sog. priming fortlaufend Sinn auf und wir antizipieren, was kommt, bauen es ein und beurteilen das Ganze danach, ob es Sinn macht. Sprachliches Verstehen funktioniert nicht nach dem Dekodierprinzip. Jeder Input fällt schon auf unser sprachliches Wissen und das wird ständig upgedatet.

Bedeutungen sind im Kopf in Netzwerken organisiert. Die Verbindungen sind nicht festgezurrt, sondern plastisch. Wir stellen ständig neue her, indem wir von prototypischen Verwendungen ausgehen und auch die Prototypen verändern sich. Die Netze sind über Assoziationen zugänglich.

Wir unterscheiden die paradigmatische Assoziation von der syntagmatischen Assoziation. In paradigmatischer Relation stehen Einheiten, die an der gleichen Stelle stehen könnten und sich gegenseitig ausschließen. In syntagmatischer Relation stehen Einheiten, die in der Kette beieinander stehen können.

Paradigmatisch wird überfrequent *schwarz* zu *weiß* assoziiert und *Hammer* zu *Werkzeug*. Auch syntagmatische Assoziationen sind in der Semantik bekannt, etwa Kollokationen wie *Vogel* und *Schwarm*, *Hunde* und *Meute*, *Kühe* und *Herde*, *Affen* und *Horde*.
In solch einem mentalen Netzwerk wird in der Kommunikation ein mehr oder minder großer Bereich aktiviert, so dass wir öfter Fehlschlüssen oder Fehlschüssen unterliegen. Oder besser umgekehrt: Aus Kontaminationen wie *ein dickes Stück* oder *ein starker Hund* schließen wir, dass die entsprechenden Wörter im mentalen Lexikon irgendwie nahe beieinander stehen.

Die Modelle sollen fassbar machen, was in unseren Köpfen ist. Sie werden jeweils an klitzekleinen Ausschnitten exemplifiziert und vielleicht verifiziert. Wie und ob sie aber mit der gesamten Komplexität fertig würden, bleibt die Frage.
Aber so ist das in der Linguistik wie in jeder Wissenschaft:
Man muss erst mal kleine Brötchen backen.

55. Wie viele Wörter hat eine Sprache?

Wenn man sowas wissen will, schaut man ins Wörterbuch, fängt an zu zählen. Nein, zählen muss man nicht, das haben meist andere schon getan. Frage aber in welches schaut man? Die Antwort hängt ja wohl von der Dicke des Wörterbuchs ab.
Für das Deutsche würde man vielleicht „Das Deutsche Wörterbuch" zur Hand nehmen. Es hat eine lange Geschichte, wurde Mitte des 19. Jahrhunderts von den Brüdern Grimm begonnen und sage und schreibe 1960, nach mehr als hundertjähriger Arbeit abgeschlossen. Und man wird sich nicht wundern: Es umfasst 32 Bände, mit Register 33. Man bekommt es antiquarisch für etwa 3000 Euro.

Aber natürlich wurde es neu aufgelegt und heute kann man es auch elektronisch einsehen (http:/ / woerterbuchnetz.de/ cgi-bin/ WBNetz/ wbgui_py?sigle=DWB).

Der Grimm enthält etwa 330 000 Stichwörter. Eine schöne Zahl. Aber sind das alle deutschen Wörter? Eines wird einem gleich einfallen: Vielleicht gibt es ja seit 1960 neue Wörter?

So finden wir nicht *Telekommunikation*, *Virus*, *Rolladen* oder erst recht nicht *Rollladen*. Das wundert vielleicht nicht. Wir finden auch nicht *Atom*, *Idiot*. Schon verwunderlicher. Ebenso wenig *Sprachkritik*. Aber *Kritik* und *Kritikaster*. Darauf kommen wir zurück.

Natürlich stehen im Wörterbuch nur Grundformen. Alle gebeugten finden wir nicht. Das würde die Anzahl mindestens verdoppeln. Und im gleichen Zusammenhang sind auch die abgeleiteten Wörter zu sehen wie eben *Sprachkritik*, die lange nicht alle im Wörterbuch stehen, wenn vielleicht die Teile auch drinstehen. Den entsprechenden Faktor kennen wir überhaupt nicht.

Heutzutage könnte man es natürlich mit dem Zählen etwas einfacher haben. Darum noch eine andere Zahl, die manchen zeitgemäßer erscheinen könnte, die aber zugleich noch auf eine andere Mehrdeutigkeit hinweist. Linguistisch wird unterschieden zwischen einem Wort als Element der Sprache, dem Typus oder type, und dem vorkommenden Wort in einem Text, in dem ja der gleiche type öfter vorkommen kann. Solche Okkurrenzen nennt man auch Textwörter. Und nun also zur neuen Zahl: Das größte Sprachkorpus des Deutschen am Institut für deutsche Sprache umfasst mittlerweile etwa 47 Milliarden Textwörter.

Ok, das Sprechen und Schreiben nimmt kein Ende. Und gibt auch keine Antwort auf die Ausgangsfrage.

Aber auf die können wir jetzt doch antworten: Das Deutsche hat unglaublich viele Wörter -;).

Und anderen Sprachen sollten wir genauso viele zugestehen.

56. Wie lautet das ideale Wort?

Das ideale Wort zu suchen klingt irgendwie verwegen. Jede Sprache ist ein eigenes System und für jede mag es anders klingen. Geht es um das ideale italienische oder das ideale deutsche? Ein Bewusstsein für die Silbenstruktur von Wörtern gehört zur sprachlichen Kompetenz. Es wird also von Sprache zu Sprache unterschiedlich ausfallen. Und dann noch nach welchen Kriterien: Ideal zum Merken, zum Sprechen, zum Wahrnehmen?

Natürlich – heißt es – sei die Abfolge CV für eine Silbe, also ein Konsonant + Vokal. Aber wie bekommt man raus, was natürlich ist? Nur über das, was ist. Eine bessere Lösung sehen wir da nicht, wenngleich wir im Deutschen auch VC kennen, etwa *ein, Ei, Aar, Erde, unten, irrig*. So könnte man vielleicht auszählen, was häufiger ist.

Ein Wort aus einer Silbe ist vielleicht etwas zu kurz, um genügend Aufmerksamkeit zu bekommen. Außerdem stellt sich die Frage, wie viel Wörter dieser Struktur das deutsche Lautsystem hergäbe. Klar rechnerisch bei fünf Vokalen und 21 Konsonanten so circa 120. Das wäre sehr bescheiden. Das ideale Wort, wird angenommen, bestehe aus zwei Silben, manchmal auch aus drei. Mit Zweisilbern der Form CVCV kommen wir schon viel weiter und sie klingen auch schön: *Name, Ehre, zeige, sage*. Auch Kinder präferieren Zweisilber. Am liebsten noch duplizierte: *dada, Mama, Milli*.

Sicher ist Ihnen klar, dass wir auch mit solchen Zweisilbern nicht weit kommen. Darum sollten wir vom Ideal zur Realität. Wenn wir die frequenten Wörter ansehen, erkennen wir schnell, dass die Struktur CVC sehr häufig ist: *dein, Gott, Sinn, lang, seit, viel, weit*. Dann aber auch CVCC: *dort, kurz, recht, Geist, Hand, Herz, jung, Kopf, Kunst, Land, Wort*. Auch CCVC finden wir hier: *Fraß, gleich, Staat*. Oder CCVCC: *stand, stark*.

Leicht infantil klingende Doppler haben wir in Wischiwaschi-Wörtern: *Hickhack, piffpaff, Bimbam, Ticktack.* Sie merken schon: Ein Ideal ist nicht so leicht auszumachen. Aber Ein- und Zweisilber sind sicher Favoriten.
In der Sprachentwicklung werden Mehrsilber gern gekürzt zu Zweisilbern: *hagazussi* > *Hexe, domina* > *donna*. Ähnliches gilt für den Spracherwerb. Ein kleiner Junge wird von einer Italienerin namens *Lavorato* betreut. Für ihn war sie die Rallorallo. Da wird zum einen die gesamte Silbenstruktur, die Viersilbigkeit bewahrt. Außerdem die Abfolge der Vokale. Der Umgang mit den Konsonanten folgt auch einer Regel, nämlich der konsonantischen Stärke und dazu noch das Wischiwaschi-Prinzip, das auch in Kreolsprachen genutzt wird.
Wenn wir auf die andere Seite blicken, dann sehen wir: CCC ist äußerst unbeliebt. Wörter wie *Strumpf* entsprechen keinem Ideal. Wie kommen wir dazu? Mehr als 70% der deutschen Wörter sind frei von Konsonantenhäufungen.

Und bedenken Sie bitte: Wir haben hier nur von der Lautung gesprochen. Ginge es um den Sinn, würde die Frage nach dem idealen Wort ganz unsinnig. In Versuchen akzeptieren Probanden aber gern Wörter, die systemkonform sind. Sie behaupten sogar, sie zu kennen und machen gern eine Bedeutung dazu.

Vielleicht zum Schluss noch etwas Spielerisches. Hier geht es auch nur um die lautliche Form.

Gelefeschilefichtelefe alefals Spilefiolefonalefagelefe-Stolefory: Delefer Krielefieg walefar fülefür dielefie Deulefeutschelefen scholefon halefalb veleferloleforelefen, alefals dielefie Elefengläulefäundelefer dielefie Elefenilefigmalefa elefentzaulefaubelefert halefattelefen. (http:/ / rudolphs.eu/ loeffelspra-

57. Gibt es schöne Wörter?

Vor einigen Jahren gab es einen Wettbewerb: Das schönste deutsche Wort. Da ging es dann nicht mehr um eine ganze Sprache, aber die Problemlage war ähnlich. Es gab 22.838 Wörter, die vorgeschlagen wurden. Einsendungen aus 111 Ländern kamen in die Konkurrenz. Eine Jury aus Mitgliedern des Deutschen Sprachrats und des Goethe Instituts hat entschieden:

1. Platz: Habseligkeiten
2. Platz: Geborgenheit
3. Platz: lieben
4. Platz: Augenblick

Was soll das mit Schönheit zu tun haben? Bemerkenswert sind die Begrundungen.

1. Das Wort hat einen freundlich-mitleidigen Unterton, der uns den Eigentümer dieser Dinge sympathisch und liebenswert erscheinen lässt.
2. Mit ihm kann man ausdrücken, dass man sich so geborgen, gut, eingelebt . . . irgendwo fühlt.
3. Es ist nur ein i entfernt vom Leben.
4. Es ist eine subversive Idee zu lang für das, was es besagt, und klingt so viel sinnlicher als *Moment*.

Bemerkenswert ist die Betulichkeit. Mit den Habseligkeiten hat es leider was Andres auf sich. Die Preisträgerin meint, es stecke *Seligkeit* drin – und da wird sie selig. Aber, wer die Bedeutung kennt, für den wäre es paradox. Und wer ein bisschen Wortgeschichte kennt, könnte wissen, dass die Seele hiermit wenig zu tun hat und dass *selig* hier nie drin war.
Hat das Wort also wirklich die tiefere Bedeutung, die die Gewinnerin gesehen hat?

Sie schreibt in ihrem Essay ganz nett: „Vielfältig und wie zufällig muss die Ansammlung von auf den ersten Blick wertlosen Gegenständen sein, um das Prädikat der Habseligkeiten zu verdienen. Dabei muss sie aber zugleich für ihren Besitzer einen Wert darstellen, der sich aus seinem individuellen seelischen Erleben ergibt und für Außenstehende nicht leicht erkennbar ist. Lexikalisch gesehen verbindet das Wort zwei Bereiche unseres Lebens, die entgegengesetzter nicht sein könnten: das höchst weltliche Haben, d.h. den irdischen Besitz, und das höchste und im irdischen Leben unerreichbare Ziel des menschlichen Glücksstrebens: die Seligkeit. Diese Spannung ist es, die uns dazu bringt, dem Besitzer der Habseligkeiten positive Gefühle entgegenzubringen . . .".
Sehr persönlich! Mit anderem Blick sieht alles ganz anders aus: „Habseligkeiten" werden oft mit „wenig" und „den letzten" verbunden und man muss sie so oft packen und zurücklassen, darf nur wenige mit auf die Flucht nehmen. Das Wort lebt im Zusammenhang von Flucht und Vertreibung. Das kann man schön finden, wenn man sich im Mitleid mit den Betroffenen gut fühlt. Sehen Sie hier ein Assoziationsbild.

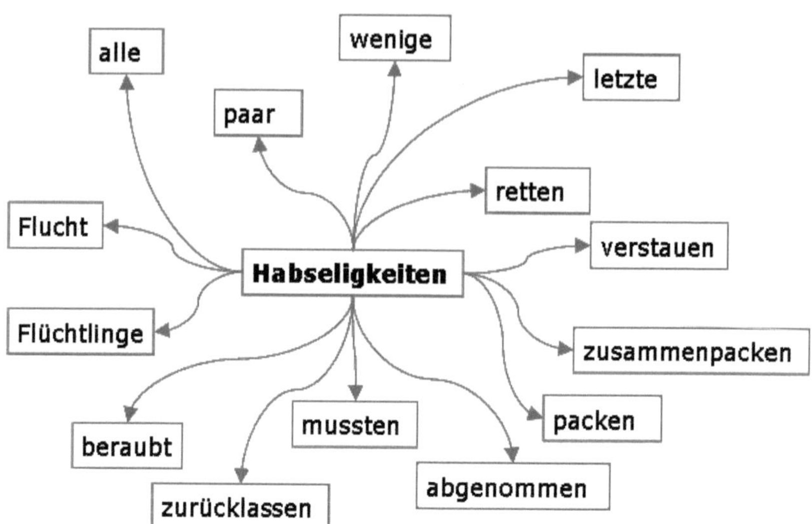

Wörter haben aber auch ihre Vergangenheit. Gehen wir mal davon aus, dass wirklich „Seligkeit" und damit „Seele" für jemanden in dem Wort steckt. Was wäre das dann für eine armselige Seligkeit, die im Haben bestünde? Aber „Seele" steckt auch nicht drin. Vielmehr ein eher nichtssagender Bestandteil, wie wir ihn noch in „Schicksal" und „Trübsal" haben, er wurde durch das angehängte „-igkeit" umgelautet.

Weiß man ein bisschen über die Verwendung eines Wortes und über seine Geschichte, dann kann die Schönheit verdunsten. Und das zeigt, dass das Ganze doch eine sehr subjektive Angelegenheit ist.

58. Viele Wörter für das Gleiche?

„Wortschatz ist Chaos", schrieb vor Jahren der Wörterbuchspezialist Franz Josef Hausmann und schloss daraus, dass die Verwendung eines Wortes nicht lehrbar und kaum lernbar sei. Die provokative These bestätigt sich, je tiefer man ins Detail geht. Eben wieder das fraktale Problem: Je detaillierter man die Verwendung und die idiomatischen Züge eines Wortes betrachtet, umso weniger Reguläres ist zu sehen. Aber dennoch gibt es für jedes Wort auch Wiederkehrendes und – wenn man so will – Reguläres. Sprecher scheinen, es zu finden, und kommen doch zu keinem Ende.

Im landläufigen Sinn hat man immer schon angenommen, man könne mit verschiedenen Ausdrücken, mit verschiedenen Wörtern das Gleiche sagen. Kurzum, es gebe bedeutungsgleiche oder synonyme Wörter. Und dafür hat man auch schon früh Wörterbücher geschaffen.

Zwei Wörter seien synonym, wenn sie die gleiche Bedeutung hätten. Die schöne Definition wird dann üblicherweise als fast nie erfüllt deklariert und aufgeweicht. Zwei Wörter teilen eine oder mehrere Bedeutungsvarianten, die Verwendungsmöglichkeiten überlappen sich und so weiter.

Wie aber weiß man, was ein Wort bedeutet, so dass man sehen könnte, ob seine Bedeutung mit einer anderen übereinstimmt? Bedeutung bleibt ein schwieriges Feld. Die Bedeutung hat sich so ergeben, weil all die Sprecher einen Sinn mit dem Wort verbunden haben. Bedeutungen entstehen in Kommunikation, im Textstrom sozusagen.

Unterschiede zwischen sogenannten Synonymen können mehr oder weniger gravierend sein. Und so gehört es geradezu dazu, sie fein differenziert zu verwenden. Hierzu würden Ihnen bestimmt feine Unterschiede auffallen und Sie werden auch Ideen bekommen, aus welchem Umfeld die Stückchen kommen.

Frau

Mann [und . . .] Frau
Männer [und . . .] Frauen
meine [. . .] Frau
und seine [. . .] Frau
Mädchen [. . .] und [. . .] Frauen
Frauen [und] Kinder
die Gleichberechtigung von Mann [und] Frau
eine|die junge [. . .] Frau
eine [. . .] ältere [. . .] Frau
eine schwangere [. . .] Frau
der [. . .] Anteil [. . .] der [. . .] Frauen
Frauen [. . .] in [. . .] Führungspositionen
von Frauen [und . . .] im Berufsleben
Frauen [die nicht] berufstätig [. . .] sind
Gewalt [. . .] gegen [. . .] Frauen
eine Frau [. . .] vergewaltigt und

Weib

Mann [und] Weib
mein [. . .] Weib
sein treues Weib
sein [. . .] angetrautes Weib
ein altes [. . .] Weib
ein armes [. . .] Weib
Ein herrliches Weib
ein zänkisches Weib
das ewig lockende [. . .] Weib
Wilde Weiber . . . Frauen
Schwafeleien eines bösen alten Weibes
mit Weib [und] Kind
nackte Weiber und
Und ewig lockt das [. . .] Weib
Schwachheit dein Name ist Weib
sollst nicht begehren deines Nächsten Weib

Die Unterschiede in der Verwendung gehen weit, feinfühlige Stilisten werden sie erkennen und beherzigen. Die Unterschiede gehen weiter, als man denkt. Sogar Abkürzungen werden anders verwendet als die Langwörter, wie hier zu sehen.

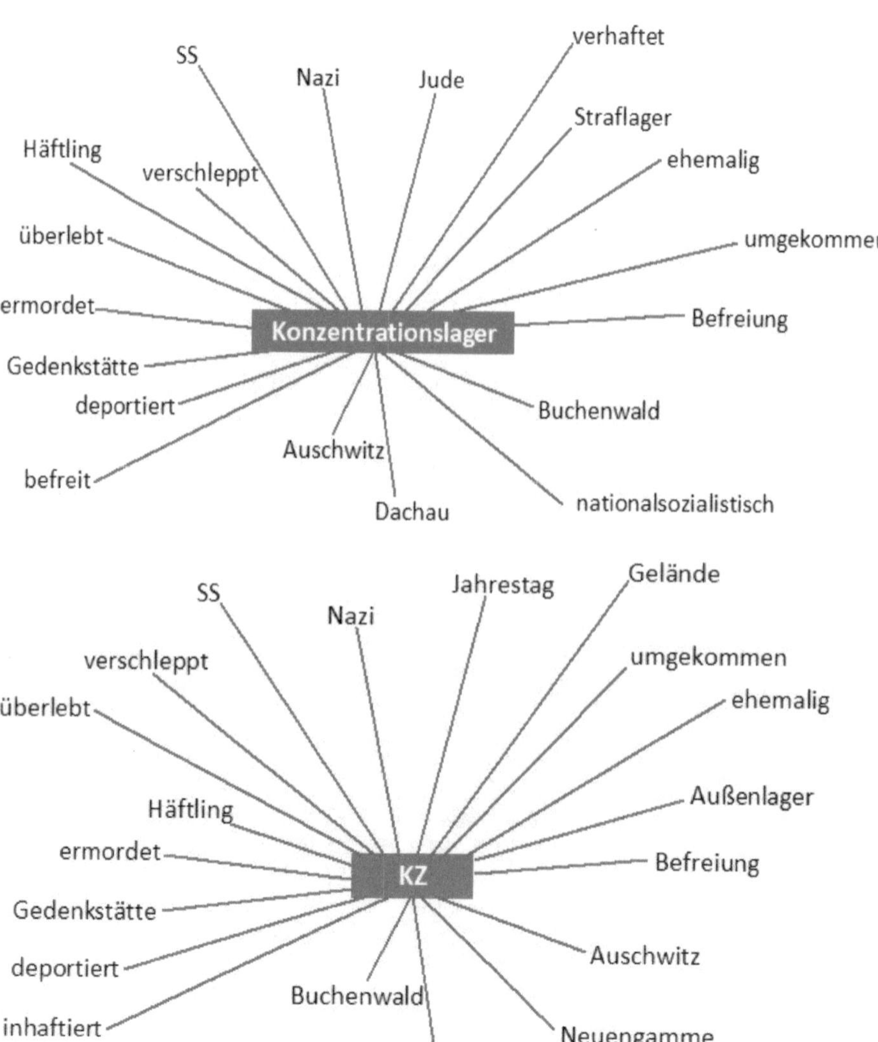

Vielleicht finden Sie jetzt auch Spaß daran, sich selbst zu versuchen.
Was würden Sie denn für Unterschiede sehen bei den folgenden Grüppchen?
Und könnten Sie sich jeweils typische Sätzchen ausdenken, in denen der Unterschied sichtbar wird?

klug | intelligent | schlau | vernünftig

verstehen | begreifen | kapieren | einsehen

kennen | wissen | merken | bekannt

schnell | rasch | geschwind | hurtig

gut | klasse | optimal | super

59. Wie viele Wörter beherrscht ein Mensch?

Schätzungen sprechen davon, ein Mensch könne zwischen 3.000 und 216.000 Wörtern kennen. Das ist doch bemerkenswert – vor allem die große Spanne. Haben die Schätzer das zu vertreten? Oder ist die Fragestellung so unklar?
Goethes Wortschatz ist dokumentiert im Goethewörterbuch. Es soll 90.000 Wörter enthalten. Das scheint sehr, sehr viel. Doch wie viele Wörter hat Goethe nur mündlich geäußert? Ein Wörterbuch als Grundlage engt die Frage noch weiter ein: Es enthält ja nur Grundformen, alle anderen Wortformen werden nicht gezählt. Das scheint erst einmal ok. Denn anders war die Frage nicht gemeint. Dennoch, wenn man die Sprachkompetenz eines Menschen beurteilen wollte, dann könnte es schon wichtig werden, welche Wortformen er verwendet und welche nicht. Kommt etwa das seltene *gewönnest* oder gar *stürbest* vor? Und was würde das zeigen?
Bliebe noch die Frage, ob man ein allgemeines Maß angeben kann, wie man von Wortformen auf Grundformen runterrechnen kann. Viele Wörter sind unveränderlich, andere haben unterschiedlich viele Formen: *Haus* hat fünf Formen, *Frau* nur zwei. Und wie viel hat *gewinnen*? Grob überschlagen gibt es im Deutschen 1,8 mal mehr Wortformen als Grundformen.
In der Textbewertung und der Beurteilung sprachlicher Kompetenz spielt das reiche Vokabular eine große Rolle. Wir sehen aber, dass darunter doch ganz Unterschiedliches zu verstehen sein könnte. Wenn wir uns etwa die Wortformen des Deutschen in einer Liste nach Frequenz geordnet denken, so könnte man eine Rangliste herstellen, in der die häufigste an erster Stelle steht. Dann könnte man auswerten, bis zu welchem Rang ein Schreiber in seinem Text geht, etwa bis zu *gewönnest* oder ähnlichen. Tatsächlich kann man Partner mit seltenen Wortformen und Wörtern verblüffen, wie einst unser dreijähriger Sohn, der in seiner Matchboxsammlung ein Lufthutzenauto hatte.

Der persönliche Wortschatz eines Menschen ist unterschiedlich groß zu unterschiedlichen Lebenszeiten. Ich will nicht sagen, dass er immer weiter wächst -;). Klar, ganz zu Anfang ist der Wortschatz eines Kindes gleich null. Nach langsamem Anlauf folgt mit etwa anderthalb Jahren die lexikalische Explosion, so dass ein Kind mit 6 Jahren schon 9.000 bis 14.000 Wörter beherrsche – heißt es. Sicherlich geht das später noch weiter.
Ich wundere mich dauernd, wieso ich so viel mehr Wörter kenne als meine Rechtschreibprüfung.

Was soll eigentlich *beherrscht* in der Titelfrage heißen? Eines ist ein Wort äußern und selbst verwenden, ein anderes ist ein Wort kennen und noch ein anderes ist es verstehen (das gilt nicht nur für fremde, auch für eigensprachliche). Bisher ging es darum, wie viel Wörter jemand verwendet. Da wäre schon die Frage: Wie? Es ist unmittelbar plausibel, dass er viel mehr kennt. Es heißt: Der passive Wortschatz (also was man kennt) sei wesentlich größer als der aktive (was man verwendet). Wenn ich eine Wortliste von etwa 500.000 durchsehe, stoße ich auf wenig Unbekanntes.
Allein unter *Zwerg. . .* finde ich mehr als 250 Wörter. Mit denen habe ich wenig Probleme (wenngleich ich bei *zwergeln* schon etwas nachdenken muss und bei *zwergenwüchsig* meine Zweifel habe, aber ich bin kein Sprachrichter):

> Zwergenfabrik, Zwergenhund, Zwergenloch, Zwergenschenkel, Zwergensohn, Zwergenspezialisten, Zwergenstammtisch, Zwergenstube, Zwergverein, Zwergenversammlung, Zwergversion, Zwergenvölker, Zwergenweib, Zwergenwelt, Zwergenwissenschafter, Zwergwuchs, Zwergenzeitung, Zwergenzimmer, Zwerglibelle.

Gefallen hat mir *Zwergriesen*. Zweimal hinschauen muss ich bei *Zwergalpenrosen*.
Und doch könnte ich spontan welche dazumachen: Zu *Zwergenhut* auch *Zwergenhütli*.

Wenn Sie nun Lust verspüren, sich mit Goethe zu vergleichen, dann sollten Sie besonders darauf achten:

- Zählen Sie Wortformen oder Grundformen?
- Sind die verwendeten Wörter häufig oder eher selten?
- Geht es um den passiven Wortschatz oder den aktiven?

Es bleibt noch eine andere Frage: Stellt sich, wer die Ausgangsfrage stellt, vor, es gebe einen abgeschlossenen deutschen Wortschatz und analog auch einen persönlichen abgeschlossenen? Wer das denkt, verkennt den Charakter der Sprache. Die Sprachfähigkeit besteht darin, unendlichen Gebrauch zu machen von endlichen Mitteln. Jeder Wortschatz besteht aus einem stetig erweiterbaren Arsenal plus einem regulären und kreativen Werkzeugkasten. Jeder Sprecher hat in seinem Kasten die Regeln, mit denen er neue Wörter verstehen und bilden kann – für sich und, wenn er ganz toll ist, sogar für das Deutsche. Wenn Sie nun also Goethe lesend stoßen auf *Triftraum*, *Trutz*, auf *Afterkünstler*, *eilfsilbig*, *gätlich* und *Faschine*, was machen Sie da? Sie reimen sich etwas zusammen – aus dem Kontext oder aus dem Kopf.
So bleibt eben unüberschaubar, wie viele Wörter ein Mensch beherrscht.

60. Können Wörter lügen?

Alljährlich wird das Unwort des Jahres geehrt. Selbst ein Unwort? Einst hatte die Jury ethnische Säuberungen und *ethnische Säuberungen* auf dem Kieker. Da habe ich mir gedacht, was hat sie sich da gedacht? Meinte sie, dass hier mit *Säuberungen* jemand dazu gebracht werden soll zu glauben, da würde etwas sauberer gemacht? Hat sie nicht verstanden, dass jeder, der den Ausdruck versteht, versteht, dass er kritisch gemeint ist? Ein Kritikwort als Unwort?

Im Alltag ist es ganz normal, dass wir gewisse Ausdrücke und Ausdrucksweisen meiden und dafür andere, weniger verfängliche verwenden. Öffentlich scheinen Hüllwörter – hier heißen sie öfter Euphemismen = Wohlklinger – auch an der Tagesordnung. Sprachkritiker haben sie immer wieder aufgespießt.

Alte Hüte sind: *freistellen* für *entlassen*, *Endlösung* und *Sonderbehandlung* bei den Nazis. Oder die Kette *Putzfrau* > *Dienstmädchen* > *Zugehfrau* > *Hausassistentin*. Ja, und auch in diesem Bereich hier eine bunte Palette: *Biesi, Brunzerl, Brötchen, Feige, Girlitz, Klemme, Liebesgrotte, Marille, Mizzi, Muschi, Pflaume, Pussi, Scham*. Ein alter Hut ist auch *Minuswachstum*, mit dem angeblich Schrumpfung als Wachstum ausgegeben werden solle. Und wenn Ihr Abo-Preis angepasst wird, würden Sie damit rechnen, er würde reduziert?

Was aber ist daran so schlimm? Wenn alle Beteiligten verstehen und wissen, wovon die Rede ist, dann dürfte es doch passen. Nützlich könnte es sein, Euphemismen aufzuspießen, weil es ein paar Blöde geben wird, die sie falsch verstehen. Vielleicht hoffen die Verhüller auch auf die.

Aber die öffentlichen Verwender beschönigen wirklich. In der asymmetrischen Kommunikation nehmen sie sich heraus, die Welt durch ihre verhüllende Brille darzustellen. Ein bisschen tun wir das alle, aber wir haben nicht die Macht, es durchzusetzen.

Eine ganz andere Sache ist es, wenn etablierte Bezeichnungen aus dem Verkehr gezogen werden sollen, etwa weil sie als Verhüllungen erkannt wurden. Glauben Sie, dass ich mich als Nazi zu erkennen gebe, wenn ich von der Reichskristallnacht rede? Wer dieses Wort verbannt, ist er nicht ein bisschen von der gleichen Sorte wie die öffentlichen Verhüller? Nimmt er in Kauf, dass Vergangenheit verwischt wird? Oder meint er, auch ich solle mich ständig distanzieren?

Die Grundidee des Euphemismus ist, dass es sich um einen Ausdruck handelt, der den eigentlichen ersetzt, dass die Sache sich eigentlich anders verhält, als dargestellt. Nur wissen wir oft nicht, was eigentlich gespielt wurde:

Mag sein, dass Assange einer Frau zu nahe getreten ist.
Darüber mögen Richter entscheiden.

Ein bisschen klarer wird es schon hier:

. . . dass er Schülern und Schülerinnen durch unsittliche Berührungen eindeutig zu nahe getreten ist.
Ist ihnen denn schon einmal jemand zu nahe getreten? – Ja, einmal hat ein Mann vor meinen Augen die Hose runtergelassen, sagt Tina.

Nach dem Eigentlichkeitskriterium wären die folgenden gar keine Euphemismen. Ihre Schöpfer nehmen ja wohl an, dass ihre Ausdrucksweise adäquater sei. Das zeigt natürlich schön, dass es das Eigentliche nicht gibt.

der oder die Behinderte > > Mensch mit Behinderung
geistig behindert > > Mensch mit Lernschwierigkeiten oder kognitiv beeinträchtigt
Handicap, gehandicapt > > Behinderung, behindert
Pflegefall > > Mensch mit Assistenzbedarf
hörgeschädigt > > hörbehindert
sehgeschädigt > > sehbeeinträchtigt
Zwerg, Liliputaner > > kleinwüchsiger Mensch

Sorry, dazu darf ich wohl nichts Kritisches schreiben. Ich frage mich aber, wem es helfen würde?
Bemerkenswert ist diese Meinung hier, die Einiges historisch umdreht und auch logisch:

> In Deutschland wird der Ausdruck „Menschen mit Handicap“ oft rein euphemistisch gebraucht, als Ersatz für Menschen mit Behinderung. Bei Nutzung des Wortes kann die Gefahr bestehen, dass das soziale Modell der Behinderung außer Acht gelassen wird. Dieses besagt, eine Person ist nicht nur behindert, sondern wird auch durch die Umwelt behindert (durch Vorurteile, Stufen, fehlende Untertitel usw.).

Um das Ganze etwas lustiger zu lassen, habe ich erst mal keine Anführungszeichen eingefügt und die Idee in ihrer Brutalität belassen: Menschen mit Behinderung sollen also durch einen Ausdruck ersetzt werden. Wirklich unmenschlich. Schöner ist die Wortspielerei, dass wir Normalen (ja, wer ist schon normal?) es nun sind mit unseren Treppen, die diese Menschen zu Behinderten machen. Ich glaube, damit erweist man ihnen keinen Dienst.

Wir werden sehen, dass auch die empfohlenen Ausdrucksweisen in der Abwärtsspirale enden. So wie es historisch schon immer ging. Die tollen Wörter sacken im Lauf der Zeit ab, eine Pejorisierung, wie man sagt. Leider ist von einem umgekehrten Wandel nichts bekannt geworden. Die Menschen sind lange bemüht, die Welt verbal zu verbessern. Aber die Welt will nicht. Das könnte uns skeptisch stimmen für die Verbesserungsvorschläge. Leider.

Aber noch ein kleiner Hinweis: Wörter können gar nichts. Menschen sind es, die mit ihnen beschönigen und verdrehen, täuschen und lügen. Und so erweist sich die Ausgangsfrage als Fall für die Ausgangsfrage.

61. Wieso werden manche Wörter nicht verwendet?

Es gibt sie aber doch! Dass sie nicht verwendet würden, täuscht natürlich. Denn wenn es sie gibt, dann müssen sie zumindest verwendet worden sein. Irgendwo und irgendwann. Es gehört zu ihrem Gebrauch dazu, dass man sie nicht äußern soll, höchstens in gewissen Zusammenhängen und zu bestimmten Zwecken. Trotzdem sind sie tabu.

Das Wort *Tabu* ist importiert aus dem Indonesischen. So als kennten wir sowas nicht? Ein Tabu ruht auf einer stillschweigend praktizierten gesellschaftlichen Norm. Entscheidend ist, dass die Tabu-Norm unausgesprochen bleibt, vielleicht nur in der Sozialisation global eingeführt wird: „Das sagt man nicht!" Schon Freud wusste, dass Tabuverbote jeder Begründung entbehren. Ihre stille Selbstverständlichkeit schützt sie vor rationaler Diskussion.

In der Kommunikation treffen Tabus bestimmte Wörter und ganze Bereiche: Sex, Religion, Schmutziges und Feuchtes, Tod. Wozu ist das gut? Tabus dienten als magischer Schutz vor bösen Geistern und gefährlichen Tieren. Den Teufel sollte man nicht bei Namen nennen. Drum sprach man eben vom Gottseibeiuns, in der Annahme, der Teufel sei so doof, dass er nicht wüsste, von wem da die Rede ist. Den Bären wollte man auch nicht so gern da haben. Drum nannte man ihn sintemal den Braunen. Die Bedeutung war allerdings vergänglich und heute ist *Bär* neutrales Normalwort.

Tabus dienen dazu, nicht auf unangenehme Themen und Bereiche zu kommen. Über den Tod zu reden ist nicht unbedingt angenehm. Und über alles, was stinkt, wohl auch nicht. Tabuisierung mag auch kreativ machen.

Für *sterben* gibt es bestimmt 200 Alternativen wie *dahingehen, dahinscheiden, davongehen, den Geist aufgeben, von uns gehen, den Tod erleiden, versterben, die Augen schließen, sanft entschlafen, sein Leben lassen.*

Und weiter: *entschlafen, ums Leben kommen, sich verabschieden, hopsgehen, in die Grube fahren, ins Gras beißen, krepieren, seinen Geist aufgeben, seinen Geist aushauchen, über die Wupper gehen, verenden, verrecken, den Löffel abgeben, draufgehen, verscheiden, vom Schlitten rutschen, abkratzen, abnibbeln, das Zeitliche segnen*.

Nur, dass die eben auch wieder der Tabuisierung anheimfallen können. Man merkt schon, dass man nicht immer ganz rauskommt aus dem Kommunikationsverbot. Denn für all die tabuisierten Wörter gibt es Alternativen, mit denen dann doch über die Sache geredet wird. Das zeigt, dass es einzig und allein darum geht, gewisse Ausdrucksweisen und deren Sprecher zu stigmatisieren.

Ein Tabuwort war wohl mal *Scheiße*. Heute ist es zwar in aller Munde, aber einen Geruch hat es immer noch. Gewöhnlich ist der spontane, hoch emotionale Ausruf „Ach, Scheiße!" oder „Verdammte Scheiße!" Das kann man verstehen, dass einem das dann rausrutscht (und von daher auch die vielen Ausrufezeichen bei dieser Verwendung). Man kann aber auch welche bauen oder reingeritten werden. Und erst viel ferner liegen Wörter wie *stinken* und andere ordinäre Wörter wie *Arsch* und *Kacke*. Auch wenn die Tabuisierung des Wortes für den emotionalen Gebrauch wichtig ist, findet sich die eigentliche Stärke des Wortes aber nicht hier. Es ist vielmehr die Wandlung, die es durch seine Attraktivität erfahren hat, die es zum Allerweltswort gemacht hat. Zuerst war da die Kürzung und der Genuswandel: „So ein Scheiß!" Das war nun schon rein übertragen und war nahe bei *Quatsch, Blödsinn, Schmarrn, Geschwätz* und *Unsinn*. Da konnte man dann Scheiß labern. Ein weiterer Karriereschritt bestand im Eingehen von Verbindungen. In Komposita mit *Scheiß-* als Erstglied früh schon die *Scheißbullen* und *Scheißausländer*, aber auch *Scheißdeutsche*.

Von da weiter übertragen: *Scheiß-HSV, Scheißauto, Scheißfrauenthemen, Scheißfrisur, Scheißgefühl.* Alles schön emotional. Dann auch mit Adjektiven kombiniert: *scheißegal, scheißblöd, scheißruhig*. Wörter, die solcher Art Steigerung leisten, haben die besten Chancen, sich durchzusetzen.
Dann aber wurde das Wort zum Chamäleon. Klassisch grammatisch kann man es noch erklären, wenn eine Mannschaft Scheiße spielt, eben ein Akkusativobjekt. Was aber, wenn etwas Scheiße gelaufen ist? Schreibt man es dann überhaupt groß? Ist es plötzlich ein Adverb? Und dann weiter: eine scheiß Website oder auch eine scheiße Website. Ist es nun ein Adjektiv. Nicht nur Grammatiker, auch Sprecher haben hier ihre Schwierigkeiten. Sollen Sie es groß oder klein schreiben?

Tabuisierungen sollen auch die Partner schützen. So habe ich jetzt gelesen, was auch etwas vor Selbstmord, pardon Selbsttötung, pardon Suizid schützen könnte: Schweizer Journalistinnen und Journalisten sind gehalten im Berichten über Suizidfälle größte Zurückhaltung zu üben. Keine präzisen Abgaben zur angewandten Methode und verwendeten Mitteln!

Moderne Sprachtabus haben auch mit Political Correctness zu tun. Auch hier wieder ein Hauch von Irrationalität. Warum darf Astrid Lindgren nicht mehr von Negern geschrieben haben? Was tut man denn, wenn man sagen will, was man sagen will? Will man Abscheu und Ekel provozieren? Man muss eben bedenken, was man kommunikativ bei Partnern bewirkt. Das ist kluge Kommunikation. Und darum musste ich mir hier verkneifen, all die säuischen Wörter zu zitieren, die ich kenne.

62. Wer kennt das längste deutsche Wort?

Das Verlängerungsspiel mit der Donaudampfschifffahrt kennen Sie. Es ist insofern lehrreich, als es in der Regel so endet wie der Schwanzhund beim Scrabble: Ist das ein Wort? Was bedeutet es? Kann man so sagen?
Wortlänge und Vorkommenshäufigkeit stehen in allen Sprachen in einer klaren Korrelation. Sie ist formuliert im Zipfschen Gesetz, das kurz besagt: Je länger ein Wort, umso seltener. Oder sein Pendant: Je häufiger, umso kürzer.
Das sehen wir schön an den deutschen Wörtern auf den oberen Rängen. Sie sind alle kurz:.

1	der/ die/ das
2	in
3	und
4	ist
5	in
6	zu
7	wird
8	von
9	hat
10	mit
11	er/ sie/ es
12	für
13	nicht
14	an
15	auf

Aber natürlich spielen auch andere Kriterien mit. Verhältnismäßig lange finden wir im öffentlichen Sprachgebrauch. *Fraktionsvorsitzender* und *Bundeswirtschaftsminister* haben es bis etwa Rang 3000 nach oben geschafft. Etwas länger noch und auch weit oben *Bundesverteidigungsministerium*. Man bekommt den Eindruck, dass diese langen Wörter der eher bürokratischen Sprache entstammen. Und die haben sprachkritisch Eingestellte schon länger auf dem Kieker.

Die entscheidende Frage wird sein, was als Wort akzeptiert wird. Ein eher objektiv gedachtes Kriterium wäre, ob das Wort etabliert ist. Wie stellt man das fest? Zum Beispiel, dass es im Wörterbuch steht. Das ist natürlich abhängig von Größe und Art des Wörterbuchs. Im älteren sechsbändigen DUDEN-Wörterbuch der deutschen Sprache steht *Telekommunikationsunternehmen* nicht drin, ja nicht einmal *Telekommunikation*. Man wird vielleicht sagen: Das Wörterbuch ist zu alt.

Im neueren Universalwörterbuch steht wenigstens letzteres und ebenso in Wahrig „Deutsche Rechtschreibung". Bei der Rechtschreibung ist irgendwie plausibel zu sparen. Denn wer die Hauptteile des Wortes schreiben kann, der wird auch das zusammengesetzte schreiben können. Wichtig: Wie kreativ sind wir Sprecher und wie normativ sind wir eingestellt bezüglich dessen, was wir zulassen wollen.

Man nehme 100 häufige deutsche Substantive und kombiniere jedes mit jedem. Das ergibt 10.000 (neue?) Wörter. Davon haben etwa 10% – wenn auch strittig – einen grammatischen Defekt, vor allem fehlendes Fugenzeichen: *Aufgabeabend, Augeabend, Dameabend, Freudeabend* usw. Im Duden-Wörterbuch kommen etwa 3.000 vor. Im großen Korpus des Instituts für Deutsche Sprache wird man etwa 3.500 finden. Wenn man die Produkte googelt, findet man etwa 6.000.

Aber sind alle korrekt und haben sie Sinn, wenn man sie bei Google findet? Und was ist mit dem Rest? Existieren sie?

Es ist ja das notorische Problem, was „existieren" hier heißen soll:

- Häufig verwendet?
- Einmal wenigstens verwendet?
- In x Wörterbüchern notiert?
- In einem Wörterbuch notiert?
- Von einem Linguisten für möglich gehalten?
- Von Sprechern für möglich gehalten?
- Von mir für möglich gehalten?

Ich bin Partei und würde viel zu viele anerkennen. Aber warum sollte nicht, was sinnvoll verwendet wird oder sinnvoll verwendbar wäre, ein deutsches Wort sein?
Was halten Sie etwa von *Weltauge*? Es ist ein Produkt unserer Spielerei.
In sinnvoller Verwendung hätte ich nichts dagegen.

> Tatsächlich war er schon dies schiere Auge, das Hausauge, das Stadtauge, das Weltauge, das, ohne selbst gesehen zu werden, alles sah. Das wohl gesehen wurde, aber nicht beachtet und zur Kenntnis genommen. „Das Auge Gottes wacht über der Welt und über den Menschen und im Innersten der Welt und der Menschen selbst, und es sieht nicht nur, was sie tun, sondern auch alles, was sie denken und wollen, ob es böse sei oder gut. Selbst unsichtbar, sieht es."
> (http:/ / www.lyrikwelt.de/ gedichte/ raeberg1.html; 10.1.2019)

Jetzt aber noch eine kleine Runde im Spiel mit Google:
Donaudampfschifffahrtskapitänswitwenrente
Bekanntlich kein Problem. Auch das folgende erstaunlicherweise einmal gefunden:
Donaudampfschifffahrtskapitänswitwenrentenauszahlungsstelle
Ich gebe mich nicht geschlagen:
Donaudampfschifffahrtskapitänswitwenrentenauszahlungsstellenneueröffnung

Und bin doch geschlagen. Es kommt in dem Spiel nur darauf an, ob so ein Monsterwort regulär ist und ob man sich eine Verwendung vorstellen könnte, was natürlich umso unwahrscheinlicher wird, je länger das Wort wird.
Das längste deutsche Wort kennt keiner und jeder, der Deutsch kann.

63. Wie entstehen neue Wörter?

Die Frage ist schon etwas windschief. Sie entstehen natürlich nicht. Sie werden eher gemacht. Aber auch das trifft nicht so ganz zu. Neue Wörter kommen auf zwei Wegen in eine Sprache:

- Sie werden aus anderen Sprachen eingeführt.
- Sie werden aus bestehenden Sprachstückchen gebildet.

Eingeführte Wörter sind im Deutschen Legion. Bei alten erkennt man das gar nicht mehr wie *Fenster* (aus lateinisch *finestra*) oder *Mauer* und viele andere.
In einem zweiten großen Schub haben wir eher Gelehrtenwörter übernommen: *Äther, Kirche, Psalm, Parlament, sozial, radikal*, aber auch *Telegramm, Kilo, Tante* und *Onkel*. Das dauert bis heute. Schon langer nähren wir unseren Wortschatz gut aus dem Englischen: *Aftershave, Baby, Bowle, chartern, Comic, Hit, Jeans, Job, Management, Shorts, Snob, Sport, Start, Toast*.
Das Deutsche war und ist stark im Nehmen. Exportiert hat es weniger. Auch das ist normal. Wörter werden nicht exportiert, sie werden importiert, meist nach Bedarf. Beispiele finden sich in dem schönen Buch des Goethe Instituts „Ausgewanderte Wörter". Natürlich nur bildlich. Denn wandern tun Wörter auch nicht.
Le vasistdas kam schon zu Napoleons Zeiten ins Französische. Die Soldaten hätten sich angeblich gewundert über deutsche Dachfenster und entsprechend gefragt. So gehen solche Geschichten. Im Angloamerikanischen finden sich *Kindergarten, Sauerkraut* und *Gemütlichkeit*, wie immer es ausgesprochen wird, es ist mit Bier verbunden. Weniger schön *Waldsterben* im Französischen und *Blitzkrieg* oder *Angst* im Englischen.
Oft wird behauptet: Wortbildung erweitert den Wortschatz einer Sprache. Das stimmt nicht ganz, weil eben neue Wörter aus bestehenden Elementen gebildet werden.

Die Wortbildung hat eine regulär produktive Seite: Es können spontan nach Regeln oder Mustern neue Wörter gebildet werden, die noch nicht Teil des Wortschatzes sind und vielleicht nie werden. Neue Wortbildungen sind stets eingebettet in Kommunikation. Es ist dabei egal, ob ein Wort schon im Wörterbuch steht, ob es schon mal jemand gebildet und gebraucht hat. Das Maß aller Dinge sind die Kommunikationspartner und ihr Wissen. Hier sind auch kühne und neue Bildungen möglich, üblich und verständlich.
Prinzipiell werden zwei Arten der Wortbildung unterschieden:

- Komposition oder Zusammensetzung
- Derivation oder Ableitung.

In der Komposition werden Wörter zusammengefügt, in der Derivation werden Wörter mit unselbständigen Elementen erweitert.

Komposition	Derivation
Handarbeit	Unkraut
Grauzone	natürlich
Lesezirkel	bemuttern
Vordach	Gelände
Jetztzeit	begnadigen
kostenlos	unschön
bestmöglich	halbieren
denkfaul	Schönheit
spritzgießen	essbar
übernehmen	Lehrer
	verstehen
	gelehrig

Durch Wortbildung bilden sich ganze Netze im Wortschatz, die als Wortfamilien bezeichnet werden.

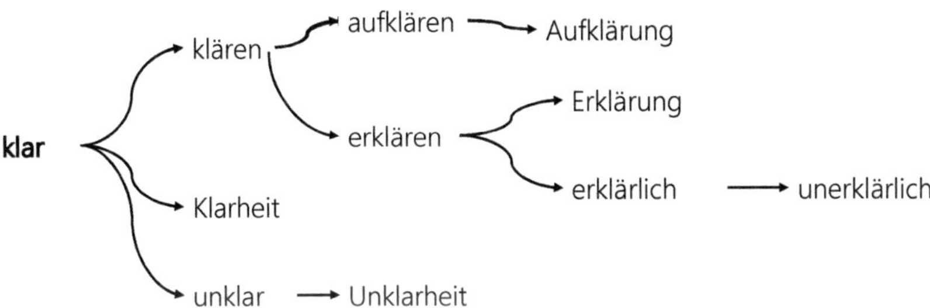

Wortbildung ist auch deshalb produktiv, weil ihre Produkte wieder verwendet werden können und damit verlängert werden zu neuen Wörtern. Das muss keine Ende nehmen. Sie wissen, wie das Spiel mit der Donaudampfschifffahrtsgesellschaft weiter geht.
Allerdings sind nicht alle möglichen Bildungen willkommen. Wir sind sparsam: Wenn wir schon *Bitterkeit, Bequemlichkeit* haben, brauchen wir *Bitterheit, Bequemheit* nicht. Wenn wir schon *Leere, Dieb* haben, brauchen wir *Leerheit, Stehler* nicht. Man sagt, die Wortbildung sei blockiert. Wir mögen es nicht, wenn jemand ein neues Wort bildet oder verwendet, für das es schon eins gibt. Und darum tun es Sprecher auch nicht. Ein Kurzwort *KZ* für *Kompetenzzentrum* wird so leicht keiner wählen.

Natürlich muss man wissen, dass es schon ein Wort gibt, für das, was man ausdrücken will. Bei Kindern und Lernern drücken wir ein Auge zu. Wir nehmen an, dass sie den Blocker nicht kennen.

Die Durchblätterung und Lesung der Zeitschrift waren ein Genuss.

Weiteres entnehmen Sie dem Hinterteil des Briefes.

Was es mit dem hier auf sich hat, werden Sie wissen:
[Mädchen][handelsschule] vs. [Mädchenhandel][s][schule]

Aber auch beim Lesen von *eingeigelt* oder *beinhalten* kann man schon mal stolpern. Erst recht bei Verstehensfallen am Zeilenende und bei Trennungen wie die folgenden: *Lerner-fahrung, Fahrer-laubnis, Leser-hythmus, Seele-opard, Uran-fang, Flexion-sendung.*
Und schließlich gibt es da noch die zweideutigen.

Gebirg-stier	Gebirgs-tier
Mais-turm	Mai-sturm
Wach-traum	Wacht-raum
Jagd-rache	Jag-drache
Wachs-tube	Wach-stube
Fehler-klärung	Fehl-erklärung
Ei-ersatz	Eier-satz
Tau-schwert	Tausch-wert
Reiter-folge	Reit-erfolge
Talent-wässerung	Tal-entwässerung

64. Alles nur Wischiwaschi?

Die kommunikative Welt ist voller Schrägheiten. Manche Wortbildungen mögen nur im Kontext verständlich sein, andere kitzeln vielleicht unser Verständnis. Mit dem Goldstaubsauger scheint es einfach. Auch mit dem Ameisenmotor. Manche scheinen nur ungewöhnlich nach üblichen Mustern, andere sind kühne Neubildungen, die man mal eben so macht oder aus stilistischen Gründen. Kennen sie das Pfennigfuchsing und einige Feministas. Verdächtig sind für viele Bindestrich-Komposita. Da gibt es *Tu-nix-Kanzler, Ich-hab-die-Schnauze-voll-Haltung*.

Paul war als Kind ein armer Durfte-nichts.
Dagegen Petra eine Darf-alles.

Auch unser Titelwort ist eine Wortbildung, eben ein Wischiwaschi. Und sie ist produktiv:

balla balla, Blabla, Bonbon, Dallidalli, fifty-fifty, huschhusch, igitt-igitt, Pinkepinke, plemplem.

Auch aus anderen Sprachen kennen wir welche:

Agar-agar, bye-bye, Can-Can, cin-cin, chi-chi, Couscous, frou-frou, gaga, go-go, goody goody, jam-jam, Tsetse.

Und eher kindersprachlich oder Mama-Talk:

Wauwau, Wehweh, winkewinke.

Sie sind regelhaft. Das heißt, Sie können selber welche bilden. Doch dazu gleich.
Wir bleiben erst mal bei *Wischiwaschi* und Verwandtem.
Mit der Analyse von Wischiwaschi-Bildungen bewegen wir uns im Bereich der Reduplikation. Wir kennen Doppelungen oder Wiederholungen im laufenden Text zur Verstärkung: „Das ist sehr, sehr häufig." Es ist ein weit verbreitetes Phänomen, aber nicht Wortbildung.

Als Wortbildung gibt es die reine Wiederholung – also Fälle, wo ein Wort gebildet wird durch einfache Wiederholung eines Lexems – in Kreolsprachen. So etwa Verben:

kottikotti (nach *cut*) „klein schneiden"
takkitakki (nach *talk*) „tratschen"
shakishaki (nach *shake*) „schütteln"
koffokoffo (nach *cough*) „hüsteln, husten"

Und auch Nomen:

balibali „Lärm", djompodjompo (nach *jump*) „Grashüpfer"

In den Kreolsprachen haben wir es wohl mit einer produktiven Regel zu tun, im Deutschen ist es eher ein Luxusmuster.

Zuerst Beispiele mit einsilbigen Basen:

Heckmeck, hi fi, Klimbim, Picknick, ruckzuck, snail-mail, Tex-Mex, wing-ding

Häufig wird der Vokal im Duplikat variiert:

Bimbam, Flickflack, Hickhack, Hiphop, klingklang, Krimskrams, Mischmasch, piffpaff, Pingpong, pitschpatsch, plitschplatsch, ritschratsch, Schnippschnapp, schwippschwapp, Singsang, Ticktack, tipptopp, Wigwam, Wirrwarr, yin yang, Zickzack

Die weitaus meisten haben zweisilbige Basen:

ätschi-bätschi, Boogie Woogie, Charivari, Hackelpackel, Hully-gully, Kuddelmuddel, Larifari, lirum-larum, multikulti, okidoki, pillepalle, Rambazamba, Remmidemmi, ruckizucki, rumpel-pumpel, Schickimicki, sexyhexy, superduper, Techtelmechtel, Tingeltangel, tuttifrutti

Und hier Wischiwaschis mit Vokalvariation:

Wischiwaschi, Tingeltangel, Dingeldangel, Kritzikratzi, picke-packe, pitschepatsche; chitter-chatter, dilly-dally, ficto-facto, fiddle faddle, jibber-jabber, jingle-jangle, shilly-shally, wibble-wobble, wiggle-waggle, wishy-washy.

Was die Bedeutung von Wischiwaschis betrifft, tut man sich schwer. Oft geht es um Vielheit, Intensivierung, Steigerung und Wiederholung.

Zweiheit *wheel wheel* = Fahrrad	Intensivierung *look look* = starren
Vielheit *house house* = Häuser	Wiederholung *cough cough* = hüsteln

Weit verbreitet ist ein abwertender Bedeutungszug. Weiter haben Wischiwaschis ein stilistisches Gschmäckle (auffällig etwa Kindersprachliches) und einen kommunikativen Mehrwert. Darin besteht ihr Witz. Vor allem will man, dass der Rezipient das erkennt. Man will ihm zu denken geben. Und der Rezipient wird es genießen, wenn er draufkommt. Es hat etwas von Aha-Effekt wie bei Spaßkommunikation.

Man sollte vor allem schauen, wie und in welchen Zusammenhängen Wischiwaschis gebraucht werden. Ein Zug ihrer Verwendung ist die stilistische Markiertheit. Einmal ihr oft kindersprachlicher Geruch, auch Dialektales *Gschistigschasti* (für Unsinn, darin *Gschiss*?) und *Hackelpackel*. Wischiwaschis, die tatsächlich Reime enthalten, bekommen auch kommunikative Wertschätzung durch deren Attraktivität. Insgesamt zählt aber wohl mehr ihr Witz oder das Ungewöhnliche.

Hier bitte eine Anleitung für den Hausgebrauch:

1. Nehmen Sie eine Wortwurzel, machen eine Kopie davon und tauschen Sie den ersten Buchstaben aus. Das geht ratzfatz.
2. Den Vokal in der Mitte können Sie austauschen in der Kopie. Auch das führt nicht nur zu Schnickschnack.
3. Nun nehmen Sie einen Zweisilbler und verfahren analog. Auch das ist kein Hokuspokus.
4. Sogar mit Vokalaustauch gibt's kein Kribbeskrabbes.

Viel Vergnügen.

65. Was ist ein Satz?

Was ein Satz ist, bewegt die Grammatiker schon lange. Da Sätze im Zentrum jeder Grammatik stehen, hat man sich seit jeher bemüht hat, den Satzbegriff zu explizieren und gar zu einer verbindlichen Satzdefinition zu gelangen. So konnte schon John Ries im Jahr 1931 so um die 140 Satzdefinitionen zusammenstellen. Und so kann man ahnen, dass die Sache umstritten blieb. Früher war es einfach festgelegt. Aristoteles hat es gesagt, es geht um etwas, über das etwas gesagt wird, und um das, was darüber gesagt wird. Also, ein Satz ist zweiteilig, mindestens. Das wird tradiert und in der Schule gelehrt: Ein Satz besteht aus Subjekt und Prädikat.

Etwas kommunikativer wäre:

- ► Ein Satz ist ein Muster für kleinste, potentiell selbständige Äußerungen.

Und:

- ► Der Satz ist die Einheit, die sich im Gebrauch der Sprache dadurch auszeichnet, dass sprachliche Kommunikation sich in Sätzen vollzieht.

Das heißt,

- ► dass Sätze nicht unbedingt ein Verb enthalten müssen,
- ► dass Sätze nicht unbedingt zweiteilig sein müssen.

Nach dieser Auffassung gibt es auch Kurzsätze ohne Verb und Einwortsätze.

Betrachten wir die Ausrufe *Komm*! und *Hilfe*!

Beide bestehen aus nur einem Wort und sind kommunikativ im entsprechenden Kontext für Sprecher des Deutschen verständlich. Und trotzdem würden einige Grammatiker behaupten, dass es sich bei *Komm*! um einen Satz handele, bei *Hilfe*! dagegen nicht.

Sie argumentieren mit Ellipsen und auf der Basis, ein Satz sei eine aus einem oder aus mehreren Wörtern bestehende geschlossene Einheit.

Im Fall von *Komm*! sei eben das *du* ausgelassen, bei *Hilfe!* sei das wohl nicht klar. Aber selbstverständlich kann man nach dem Muster auch dies ergänzen, und zwar so, dass beide Bedingungen erfüllt sind: *Ich brauche Hilfe*.

So müsste man eben präzisieren, was alles ausgelassen sein darf und was ergänzt werden darf.

Im Übrigen stößt man noch auf ein anderes Problem: Es gibt Sätze, die nicht vollständig sind, nicht korrekt sind, wenn wir nur Subjekt und Prädikat vor uns haben.

?Ich mag.

Also sollten wir uns offenhalten und in dieser Tradition den Satz als ein finites Verb mit den notwendigen Ergänzungen nehmen.

Bestimmte Satztypen können grammatisch unterschieden werden. Grundlegend dafür ist die Verbstellung. Je nach Position des finiten Verbs werden unterschieden:

- Verbzweitsätze wie *Ich* [*bräuchte*] *Hilfe*.
- Verberstsätze wie [*Helfen*] *Sie mir bitte!*
- Verbletztsätze wie *Ich bitte, dass sie mir* [*helfen*].

Sätze können auch nur Teile kommunikativer Ausdruckseinheiten und insofern unselbständig sein. In diesen Fällen wird von Nebensätzen gesprochen. Hier sind die eingeklammerten Teile Nebensätze:

Ich bin nicht die einzige, [die etwas weiß].

Ich weiß, [dass ich bin].

Es sind komplexe Sätze. Sätze können aber auch koordinativ verknüpft werden:

Es war einmal ein Linguist. Der glaubte zu wissen, was ein Satz ist. Er mühte sich lebenslang damit ab, den anderen beizubringen, was eigentlich ein Satz ist. Und er hatte wenig Erfolg.

Aus verknüpften Sätzen werden Texte.

Mit Sätzen kann sprachlich gehandelt werden. Mit dem Äußern von Sätzen vollziehen wir kommunikative Akte unterschiedlicher Art.
So sind Satzarten zu unterscheiden nach ihrer Verbstellung und kommunikativer Leistung (der Deutlichkeit halber mit den passenden Satzschlusszeichen).

- Deklarativsatz = Aussagesatz
  Wir stehen kurz vor dem Ende.
- Interrogativsatz = Fragesatz
  Stehen wir kurz vor dem Ende?
- Imperativsatz = Befehlssatz
  Beende das Ganze endlich!

Und vielleicht noch der Exklamativsatz
Oh, wie schön!

66. Wie sieht ein Satz von innen aus?

Ein Satz besteht aus Wörtern. Die Wörter sind im Satz aufgereiht wie eine Perlenkette. Die Wortkette ist aber nur Oberfläche. Die Stärke unserer Sprache und die Stärke der Grammatik beruht auf einer inneren Struktur unter der Oberfläche. Aus der Schulgrammatik wissen wir, dass ein Satz aus Satzgliedern besteht, oft Subjekt, Prädikat, Objekt.

[Ein komplexer Satz] [besteht] [aus mehreren Satzgliedern].

Auf dieser oberen Stufe muss es aber noch nicht enden.

[Ein komplexer Satz] [besteht] [aus mehreren Satzgliedern, [die noch tiefer strukturiert sein können]].

Mit dem Wort *Struktur* ist das Zauberwort gefallen. Sätze können tief strukturiert sein, Sie könnten im letzten Beispiel noch weitere Klammerungen einfügen. Der Point ist, dass diese Strukturen regulär bestimmt sind und regulär bestimmbar. So ist die Grammatik im Prinzip ein einziges Regelwerk. In neueren Theorien wird dieses Regelwerk formal exakt dargestellt und damit jedem Satz eine explizite Strukturdarstellung zugeordnet. Mit dem Regelwerk wird die jeweilige Strukturdarstellung erzeugt. Dabei geht es im Normalfall um einen verzweigenden Strukturbaum. Zwei Grammatikmodelle konkurrieren hier: die Konstitutionsgrammatik (auch generative Grammatik) und die Dependenzgrammatik. Beide werden hier skizziert.

Konstitutionsgrammatik

1. S → NP VP
2. NP → DET (A) N (NP)
3. VP → V VM

„( )" umklammert optionale Einheiten.

N	→ {Satz, wir, Grammatik, Reise, Engel, . . .}
V	→ {kenn, analysier, beschreib, . . .}
DET	→ {der, ein, mein, dies, . . .}
VM	→ {-en, -e, -te, . . .}

In der Konstitutionsgrammatik werden Sätze schrittweise von oben nach unten (top-down) in ihre Elemente zerlegt, und zwar meist noch tiefer als Wörter.

Das Ergebnis der Regelanwendung ergibt diesen Strukturbaum:

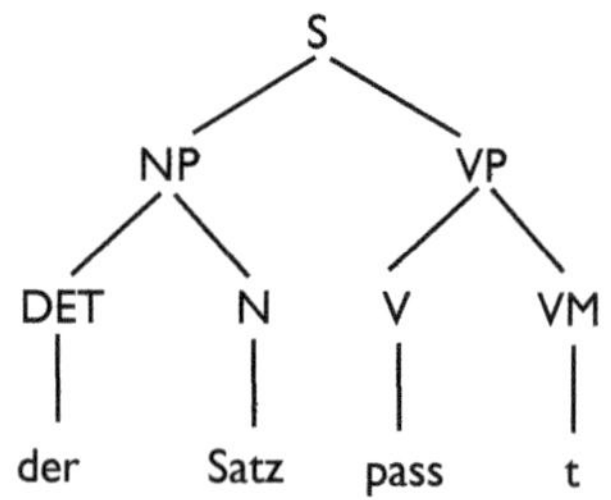

In der Dependenzgrammatik werden die Abhängigkeiten der Komponenten dargestellt. Es werden aber keine kategorialen Stufungen nötig. Sie erscheinen als Teilbäume.

V(N (DET), * (VM) [N (DET)]) **Dependenzgrammatik**

„( )" markiert die Abhängigkeit. „[ ]" umklammert Optionales.

* hält die Stelle, an der das Verb steht.

N	→ {Satz, wir, Grammatik, Reise, Engel, . . .}
V	→ {pass, kenn, analysier, beschreib, . . .}
DET	→ {der, ein, mein, dies, . . .}

Das Ergebnis der Regelanwendung ergibt diesen Strukturbaum:

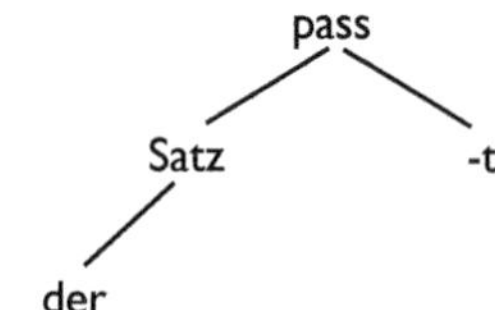

Mit solchen formalen Grammatiken (oder Syntaxen) ist ein hoher Präzisionsanspruch verbunden und erreichbar. Die kleinen Beispiele vermitteln allerdings keinen Eindruck der Komplexität einer Gesamtgrammatik.

67. Warum gibt es so viele Ausnahmen in der Grammatik?

Im Prinzip gibt es in der Sprache keine Ausnahmen. Wir nehmen an, dass Sprachen irgendwie geregelt sind. Vor allem, wenn jemand Fehler macht, müssten wir ja still wissen, wie es richtig geht. Und mit „richtig" appellieren wir stets an eine Instanz, eben irgendwie an eine Regel. Allerdings ist nicht alles, was der eine für einen Fehler hält, für den anderen ein Fehler. Wir müssen zwar davon ausgehen, dass die anderen die gleichen Regeln befolgen wie wir, nur dann können wir hoffen, verstanden zu werden. Tatsächlich ist es aber so einheitlich nicht. Und tatsächlich können wir auch jemanden verstehen, der sozusagen einen Fehler macht. Unsere Sprache ist plastisch – in der Gegenwart und in der Geschichte.
Vielleicht könnten wir auch sagen: Eine Sprache ist geregeltes Chaos.
Wenn wir die Ausgangsfrage beantworten wollen, ist die Klärung einer Art Ungenauigkeit unerlässlich. Wenn wir von Grammatik reden, können wir einerseits jene regelhafte Komponente der Sprache meinen, andererseits aber auch eine geschriebene Grammatik, ein Buch etwa. Und so müssen wir klar unterscheiden zwischen den Regeln der Sprache und den Regeln im Grammatikbuch. Denn die sind eben Formulierungen von Regeln. Und je nach Fähigkeiten des Beschreibers können sie

- die tatsächlichen Regeln mehr oder weniger gut erkennen und erfassen,
- das Erkannte mehr oder weniger gut formulieren.

Also, die wichtigste Unterscheidung ist: Spricht man von den Regeln, die unsere Sprache leiten, oder von Büchern, in den Regeln formuliert sind.
So könnte man die Titelfrage auch kurz und bündig beantworten: Weil die Grammatiken so schlecht sind.

Aber ich möchte die Grammatiker doch in Schutz nehmen, weil die Sprache eben so komplex ist. Wir sollten also einen kurzen Blick auf die Praxis werfen. Da sagt so ein Praktiker: „Meine Erklärungen sind auf eine einfache und verständliche Art und Weise und aus Lernersicht geschrieben. Ich konzentriere mich auf die 95%, die nach der allgemeinen Regel funktionieren und nicht auf die 5% Ausnahmen."
Das klingt doch wirklich praxisorientiert. Also ein Beispiel.

Deutschlerner haben Probleme mit dem Genus deutscher Nomen: Muss ich *der, die* oder *das* wählen. Obwohl das bis auf wenige Fälle eindeutig ist, ist es schwierig, klare Regeln zu formulieren oder mit ihnen gar alle Fälle zu erfassen. Eine Regel lautet: Nomen auf *-e* sind feminin, also *die Tante, die Suppe, die Klappe*. Aber dann *der Käse, das Gebirge, das Klischee.*
Wie viele wird es davon geben?
Die e-Regel ist für Lerner wunderbar. Sie deckt nämlich mehr als 95 Prozent ab und ich muss gestehen: Ich musste lange nach den Ausnahmen suchen.
Oft reden Grammatiker aber auch von Ausnahmen, weil ihre Regeln unvollständig sind. So wenn etwa in der Deklination der Nomina vom Typus *Mensch*, die Pluralbildung mit *-en* dargestellt wird und es dann heißt, diese Regel weise vereinzelte Ausnahmen auf: Bei den Nomen *Nachbar*, *Bauer* und *Ungar* wird statt *-en* die Endung *-n* hinzugefügt. Das sind natürlich keine Ausnahmen, weil es eine generelle, übergreifende phonologische Regel gibt, nach der das *e* vor *r* ausfällt. Ähnliches gilt auch für *Gebirge*, das sein Genus nach einer übergeordneten Regel bekommt, und von *Klischee*, das mit seiner Endbetonung gar nicht unter die e-Regel fällt.

Grammatik mit Regeln lernen ist wichtig.
Und meistens liegst du damit richtig.
Selbst Faustregeln leiten dich und
Liefern einen pro-tanto-Grund.

68. Was ist ein Text?

Was ein Text ist, wissen wir intuitiv. Wir leben mit und in Texten. Wir werden mit Texten sozialisiert, unsere Welterfahrung ist weitgehend durch Texte bestimmt. Alltäglich haben wir es mit Texten zu tun. Ob wir einen Vertrag abschließen oder ein Gedicht genießen, ob wir einen Witz erzählen oder den Bürgermeister wählen, ob wir eine Rechnung stellen oder ein strenges Urteil fällen, ob wir Zwistigkeiten schlichten oder einen Sinnspruch dichten.
Alles Text, nur Text – außer was in unserem Kopf ist, damit wir die Texte verstehen. Und wie ist es da hineingekommen? Über Texte.
Linguisten mussten sich aber doch mit Definitionen befassen: Ein Text ist eine lineare Folge von Sätzen, die selbst wieder lineare Folgen von Wörtern sind. Die Sätze müssen aber einen Zusammenhang ergeben: Der Text muss kohärent sein. Darum hat ein Text auch eine Struktur und ein Thema. Ein Text ist verfasst von einem oder mehreren menschlichen Autoren.
Mit solchen definierenden Sätzen wird eine erste Grenze gezogen. Tatsächlich wissen wir aber viel mehr über Texte. Dazu ist noch nicht allzu viel gesagt. Ein erster Blick auf den normalsprachlichen Gebrauch des Wortes gibt eine erste Idee wichtiger Kriterien und deren Wichtigkeit nach Schriftgröße.

Daraus können wir noch Einiges entnehmen:

- Ein Text kann im Gegensatz gesehen werden zu Bild, Melodie, Grafik.
- Texte werden verfasst, geschrieben, gedruckt und gesprochen.
- Ein Text ist verfasst in einer Sprache: englisch, lateinisch, deutsch.
- Die Länge eines Textes ist relevant: Er kann vollständig oder gekürzt sein.

Ein eher linguistischer Blick zeigt:

- Ein Text ist eine kommunikative Einheit. Sie steht in der Hierarchie linguistischer Einheiten über dem Satz.

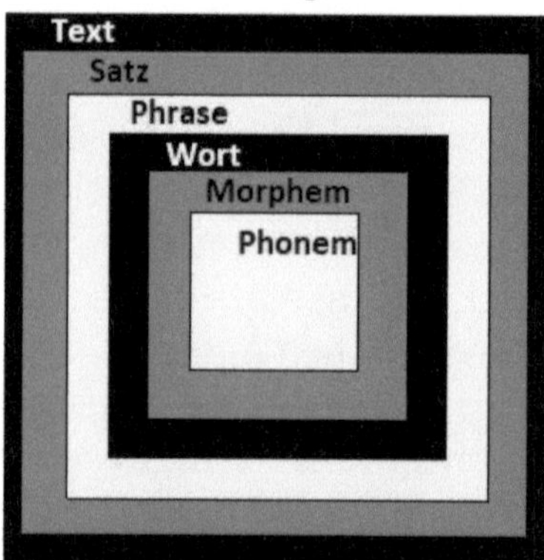

Als kommunikative Einheit spielen für Texte Sprecher und Hörer oder Schreiber und Leser, genereller Produzenten und Rezipienten eine Rolle. Wie sich da zeigt, geht es um mündliche und schriftliche Texte, was vielleicht schon etwas über den üblichen Sprachgebrauch hinausgeht.

Sätze sind streng hierarchisch organisiert, das gilt für Texte nicht. Dennoch haben Texte eine komplexe Struktur.

- Texte sind singuläre Erscheinungen, Individuen sozusagen.

Schon wenn Sie in einem Suchprogramm im Internet nur eingeben „Versöhnender, der du nimmer geglaubt“, werden Sie fündig und finden einen einzigen Text.

- Ein Text ist eine kohärente Folge von Sätzen.

Hier stellen sich gleich Anschlussfragen wie: Was heißt kohärent? Was ist ein Satz? Sätze bestehen ja aus Wörtern. Solche Definitionen sind rekursiv, sie führen sogleich in die Materie und müssen sich in der Theorie bewähren.

Ein Text zeichnet sich gegenüber reinen Satzfolgen dadurch aus, dass er einen inneren Zusammenhang hat. Der Zusammenhang entsteht oder besteht in der Deutung des Rezipienten. Darum mag jemandem eine Sequenz sprachlicher Ausdrücke als Text erscheinen, einem anderen eher nicht.
Für den einen mag ein Telefonbuch ein Text sein, für den anderen nicht. Bleibt die Frage, ob Texte zu beurteilen sind nach Akzeptabilität und Wohlgeformtheit. Von einem Satz wird man sagen, dass er grammatisch korrekt und fehlerfrei ist, bei Texten sollten wir etwas großzügiger sein und sind es auch. Texte mit absichtlichen oder unabsichtlichen Fehlern werden wir dann doch als Texte sehen.
So sollten wir uns offenhalten und selbst Texte als Texte erkennen, die oben genannte Gegensätze in sich vereinen.

txt txt txt
txt txt txt
txt txt txt
txt txt txt
txt doc txt
txt txt txt
txt txt txt
txt txt txt
txt txt txt

Methodisch bleibt festzuhalten: Übliche Textdefinitionen versuchen, einen intuitiven, sprachlich basierten Textbegriff zu explizieren und ihre Explikation zur Definition zu erheben. Ersteres ist vernünftig, Letzteres nicht.

69. Was ist ein Hypertext?

Ein Hypertext wird als ein Text in besonderer Form und Anordnung gesehen. Nach einer klassischen Textauffassung wäre er kein Text, weil Texte linear sind. In einem Hypertext zerlegt ein Autor einen Text in Textteile, in Module, die verhältnismäßig kurz und selbständig sind. Der Hypertext-Autor bietet dem Leser die Module in multipler Reihenfolge an. Mögliche Reihenfolgen werden also angelegt, der Leser kann aber frei wählen, im Text springen.

Im Hypertext gibt es Sprünge über Links, die Textstücke verbinden. Ein Link ist ein Ausdruck, der die Verbindung sichert, sei es durch identische Vorkommen, die ein Leser suchen muss, sei es durch Mausklick im elektronischen Text. Dieses Prinzip kennen Sie von Anmerkungen und Registern. Der Text hat eine Ausgangsnummer und die Anmerkung hat die gleiche Eingangsnummer, analog der Weg vom Register zum Text. Hier geht es jeweils um nur einen Sprung.

Bei einstufigen Sprüngen bleibt es nicht. Im Hypertext kann man weiter springen. Wir haben es mit Strukturen zu tun, die wir in Netzwerken oder Graphen darstellen. Jedes Modul hat einen etikettierten Zugang und einen etikettierten Ausgang.

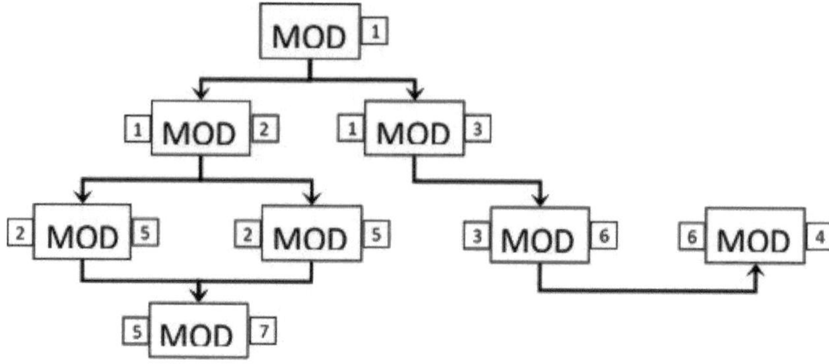

Der Leser liest sequentiell. Er geht einen einsträngigen Weg durch das Netzwerk. Die inhaltlichen Verbindungen muss er im Kopf herstellen.

Klassische Hypertexte sind – im Gegensatz zu den Vorformen – modular. Alle Textstücke sind Module. Sie müssen also textuell unabhängig sein, damit sie in den Text des Lesers passen, egal woher er kommt.

Leserfreundlich ist es, wenn die Module zum Beispiel systematisiert und etikettiert sind nach Textsorten (Erklärung, Definition, Übersetzung und dergleichen). Ein systematischer Aufbau ist auch nicht schlecht. Aber auf jeden Fall obliegt es dem Leser, den Zusammenhang herzustellen oder den Zusammenhang nachzuvollziehen, die der Konstrukteur hinterlegt hat (wenn er denn so gut war, dass er das in der komplexen Anlage geschafft hat).

Diese Buttons gestatten es, im Leseweg schrittweise vor- und zurückzugehen. In einer Navigationsleiste werden hingegen mehr Alternativen geboten. Ein einfacher Fall wäre eine textuelle e-learning-Einheit aus 9 screens, die durch eine Navigationsleiste mit Ziffernlinks nacheinander angesteuert werden können oder in beliebiger Reihenfolge.

Sprechender und anspruchsvoller wäre eine inhaltliche Strukturierung.

Links können einfach nur Zahlen sein, die als reine Hinweise gedacht sind, keinen deskriptiven Bezug herstellen. Die Links können aber auch sprechend etikettiert sein. Dabei gibt es wie bei Marginalien eher formale oder funktionale Etiketten wie „Next" oder „Hilfe" und eher inhaltliche wie „Meine Freunde" oder „Grundlagen".

Klassische Hypertexte sind geplant und entsprechend strukturiert. Der Leser oder Nutzer soll bewusst geführt werden und soll vorher wissen, wohin er geführt wird, damit er intelligent entscheiden kann. Etikettierte Links sind dabei hilfreich. Aber je größer der Hypertext, umso schwieriger die Strukturierung, es sei denn man bedient sich wiederkehrender Organisationsstrukturen. Wenn etwa Hotspots (= Textwörter, die Links sind) im laufenden Text als Seitensequenzen bestimmter Funktion ausgelegt sind, für Definitionen von Termini oder für Übersetzungen, wird der Leser das schnell lernen.
Öfter wird das gesamte Internet als riesiger Hypertext apostrophiert. Wenngleich ich natürlich den neuen Terminus nicht bestimmen kann, würde ich diese Verwendung nicht empfehlen. Denn einmal sind im Internet wahllos Texte versammelt. Einen Autorwillen gibt es da nicht. Und außerdem wird in Rechercheinstrumenten die Verlinkung willkürlich durch Wörter geleistet, ohne dass ein weiterer Zusammenhang besteht. Zusätzlich selegiert Google gefundene Texte noch nach eigenen bis eigennützigen Kriterien:

- mit oder ohne Joker,
- nicht abstellbares, automatisches Lowering (alles wird für klein geschrieben genommen),
- automatische Korrektur der Sucheingabe.

Während ein Hypertext ein Text ist, ist das Internet nur eine Sammlung von Texten. Die Landeplätze sind keine modularisierten Textstücke, sondern unabhängige Texte, darum gibt es so oft Bruch– und Bauchlandungen. Den thematischen Zusammenhang muss der Surfer selbst herstellen. Die Suche nach einem Wort oder einzelnen Wörtern ist nur eine Krücke, die wir Gehbehinderten nützen müssen. Wie lange noch?

70. Was ist ein Diskurs?

Linguisten sind sich darüber einig, dass der Terminus *Diskurs* sehr unterschiedlich verwendet wird und im Deutschen auch als Übersetzung ganz unterschiedlicher Wörter genommen wird. Die linguistische Diskursforschung versteht unter Diskurs meist Folgendes:
Zu einem Diskurs gehört die Gesamtheit der Texte, die

- sich mit einem bestimmten Thema, einem Wissenskomplex oder Konzept befassen,
- untereinander semantische Beziehungen aufweisen und in einem gemeinsamen Zusammenhang zu sehen sind,
- durch explizite oder implizit erschließbare Verweise aufeinander Bezug nehmen.

Man spricht davon, dass die Texte einen intertextuellen Zusammenhang bilden.
Man kann einen Diskurs auch auffassen und untersuchen als ein Textkorpus, das thematisch, zeitlich und räumlich spezifiziert ist. In leichter Abwandlung wird der Handlungs- oder Prozesscharakter betont, wenn etwa vom politischen, gesellschaftlichen oder kritischen Diskurs die Rede ist.

Einen Diskurs können wir uns vorstellen wie ein dickes Tau, mit einem diffusen Anfang und einem offenen Ende. Im Tau sind viele raue Schnüre verdreht. Jede Schnur besteht wieder aus vielen Fäden. Weder ein Faden noch eine Schnur läuft durch das gesamte Tau. Doch alle sind verwoben, so dass ein durchgehender Strang entsteht. Durch die rauen Schnüre wirkt das Tau nach außen borstig. Die Borsten sind kleine blinde Ausläufer.

Die Einheit des Diskurses muss natürlich sprachlich erkennbar sein. Häufig beginnt eine Untersuchung mit einem benennenden Stichwort, etwa der Gastarbeiterdiskurs. Dieses Schlüsselwort muss eine tragende Rolle im Diskurs selbst spielen. Es kann

- in typischen Konstruktionen vorkommen und gefunden werden
  Vater [. . .] als [. . .] Gastarbeiter [nach Deutschland] gekommen
  . . . Gastarbeiter im Ausland hier lebenden Angehörigen
  . . . Gastarbeitern ersten Generation
- erst im Verlauf des Diskurses in Gebrauch kommen
  Fremdarbeiter > Gastarbeiter
- im Verlauf ersetzt werden
  Gastarbeiter > Arbeitsimmigranten
- in bedeutungsähnlichen Wörtern, in Synonymen abgewandelt vorkommen
  Arbeitskraft, Asylant, Asylbewerber, Aussiedler, Einwanderer, Gastarbeiterin, Migrant, Saisonarbeiter, Zuwanderer

Ein Schlüsselwort hat selbst eine Bedeutungsgeschichte, es mag ein anderes abgelöst oder verdrängt haben. Das Thema des Diskurses ist darum so klar nicht und auch die Benennung nach einem wichtigen Wort ist nicht sakrosankt. Schlüsselwort sollte aber eines sein, dass den Diskurs phasenweise bestimmt und vor allem im Diskurs von den Beteiligten verwendet wird. Die Bezeichnung des Gastarbeiterdiskurses als Migrationsdiskurs stellt sich außerhalb, nicht nur weil es die Beteiligten nicht zu Wort kommen lässt, auch weil es nicht durch den Diskurs leitet.

Geprägt wird ein Diskurs natürlich durch ein Vokabular, das im Zusammenhang verwendet wird. In diesem Vokabular kann man sinnprägende Wörter bestimmen, vor allem solche Wörter, die überfrequent vorkommen.

Angesichts der Größe eines Diskurses ist sinnvoll, in der Untersuchung elektronische Hilfsmittel zu nutzen.

Je nach Interesse können wir weitere Strukturen im Diskurs ermitteln:

- Stereotype. Sätze mit generalisierenden Elementen sind stereotypenverdächtig:

  Xe machen immer, alle Xe + ständig, typisch Xisch, typisch Xe.

- Metaphorische Modelle kann man zu einzelnen Suchwörtern eruieren:

  Ströme von Einwanderern, Flut der Asylanten

Am Ende bliebe dann noch der Traum, man könne einen Diskurs abgekürzt darstellen, eine Art Abstract der ungeheuren Menge strukturierten Textes. Da gingen zwar die Details verloren, für bestimmte Zwecke und Erkenntnisse könnte es aber nützlich sein.

Unser bestes Kriterium für die Güte einer Diskurs-Rekonstruktion oder Darstellung bleibt, ob sie fruchtbar, ob sie relevant, interessant und attraktiv ist. – Aber attraktiv für wen?

71. Was ist Stil?

Es ist überall nichts in der Welt, ja überhaupt auch außer derselben zu denken möglich, was ohne Einschränkung für gut könnte gehalten werden, als allein ein guter Wille.	Ein guter Wille ist immer gut. Das gilt für sonst nichts. Das ist richtig auf der ganzen Welt. Es ist auch richtig außerhalb der Welt. Du kannst dir nicht etwas Besseres ausdenken.
Was kann, wenn man nahe dran ist, diese Welt zu verlassen, tröstender sein, als zu sehen, dass man nicht umsonst gelebt habe, weil man einige, wenngleich nur wenige, zu guten Menschen gebildet hat!	Du bist nahe dran zu sterben. Dann ist das ein Trost. Du hast nicht umsonst gelebt. Du hast Menschen zu guten Menschen gemacht. Vielleicht auch nur wenige.

Unter Stil versteht man die charakteristische Art und Weise der Ausführung von Kunstwerken, von Texten und Handlungen, insbesondere von sportlichen Handlungen.
In unserem Zusammenhang geht es um Schreibstil und Sprechstil. Mit *Stil* wird so Bezug genommen auf Texte und Personen.

Verbreitet ist die Ansicht, man könne unterscheiden, was gesagt wird und wie es gesagt wird. Der Inhalt und der Stil. Der Stil eines Textes basiere darauf, dass man das Gleiche auf unterschiedliche Weise ausdrücken könne und der Autor diese oder jene Alternative gewählt habe. Dies bestimme seinen Stil. Stil sei demnach das Resultat der Auswahl aus synonymen Sprachmitteln. Man könne das Gleiche eben unterschiedlich formulieren. Aber synonyme Ausdrucksweisen gibt es nicht. Und Text ohne Stil ebenso wenig. Eine Unterscheidung in „eigentliche Information und der Rest" ist nicht haltbar. Der Gebrauch eines Wortes umfasst alle Nuancen bis hin zu Wortspielen, Assoziationen, Emotionalem und metasprachlichen Verwendungen.

Es gehört zur normalen Verwendung des Wortes *Stil*, dass damit etwas Typisches, vielleicht auch Wiederkehrendes gemeint ist. Stil basiert auf Distinktion und Betonung. Aus den unüberschaubar vielen Merkmalen der Rede eines Menschen oder auch nur einer Rede eines Menschen wird selektiv und ganzheitsorientiert etwas gemacht, was dann der Stil von X ist. Bestimmte Elemente werden hervorgehoben, dadurch treten andere in den Hintergrund. Da stellen sich vor allem zwei methodische Fragen:

- Was wird selegiert und nach welchen Kriterien?
- Wie kommt es zu der Ganzheit und ihrem Label?

Selegiert wird nach dem Typischen. Was aber ist das Typische? Es sind in erster Linie Auffälligkeiten, die auf Frequenz basieren: infrequente Wörter oder überfrequente Wortverwendungen, neue Wortbildungen, syntaktische Strukturen usw. Dieses Kriterium mag intuitiv angewendet werden oder statistisch auf einer Datenbasis. Es scheint das einzig verlässliche Kriterium. Alle andern sind bereits Deutungen.

Stilisierung läuft nach dem Weglass-und-Betonungsschema. Man stilisiert sich selbst, indem man bestimmte Möglichkeiten hervorhebt und andere weglässt. Man wird stilisiert, indem bestimmte Möglichkeiten hervorgehoben und andere weggelassen werden. So hat Stilisierung viel mit Stereotypisierung zu tun. In der Rede über Stilisierungen werden wie in der Rede über Stil Bezeichnungen partieller Ganzheiten eine Rolle spielen: Jemand redet wie . . . Wer sich stilisiert oder stilisiert wird, stilisiert sich oder wird stilisiert als . . .
So redet die Leiterin einer Katzenpension über die ihr anvertrauten Katzen wie eine Mutter über ihre Kinder. Oder Sie reden wie ein Computerspezialist oder ein Börsenfreak, wie ein Sportsfreund oder Verwaltungsheini.

Die Stilisierung braucht sozusagen Modelle, zum Beispiel der tragische sportliche Held oder die verwirrte Psychopathin, der Nazi oder die Alleswisserin. Solche Modelle mögen allgemein bekannte und so verstandene Typen sein oder bestimmte Personen. Es mögen auch Stereotypen, Rollen oder Konstellationen (Hausdrache und Hampelmann) sein. Sie sind in der Regel zu fassen als ein Konglomerat von Merkmalen.

Es gibt eine lange abendländische Tradition, einen engen Zusammenhang zu sehen zwischen Stil und Person, den Stil, den jemand schreibt, als Teil seiner Person zu verstehen. „Le style c'est l'homme même." Dies ist die oft so zitierte Formulierung, die Buffon 1753 in seiner Antrittsrede vor der Académie française wählte. So kontextlos, wie der Ausspruch verwendet wird, lässt er allerdings Raum für Ausdeutungen und gestattet so den verschiedensten Ansätzen, ihn als Slogan oder Fahnenwort für sich zu reklamieren. Für Buffon ging es weniger um eine moralische Beurteilung als vielmehr ganz im Zuge der *clarté* um den Zusammenhang von klarem Denken und klarem Schreiben. Ihm ging es um das reflektierte Schreiben.
Die Idee, dass am Stil die Qualität des Denkens zu erkennen sei, ist hinwiederum alt. Wir finden sie schon bei Horaz und oft später, besonders pointiert ausgedrückt bei Schopenhauer:

> Der Stil ist die Physiognomie des Geistes. [. . .] Fremden Stil nachahmen heißt eine Maske tragen. (Schopenhauer 1851)

Und etwas anders bei Nietzsche:

> Den Stil verbessern – das heißt den Gedanken verbessern, und gar Nichts weiter! (Nietzsche 1886)

Mit einer solchen Auffassung wird Stil als intentionales und verantwortliches Handeln auch moralisch beurteilbar. Stil ist nicht mehr Privatsache, vielmehr kann ein Autor für seinen Stil verantwortlich gemacht werden. Zugleich kommt über den Effekt auch der Rezipient in den Blick.

Der persönliche Stil wird weitgehend als Sache des Individuums angesehen. Da er aber kommunikativ ist und in Kommunikation erzeugt wird, ist er öffentlich. Somit bleibt die Kreation des Stils auch Sache des Rezipienten und des Analysierenden. Die Ganzheit ist immer ein Konstrukt. Und damit kommen auch die Konstrukteure in die moralische Verantwortung.

Eine andere verbreitete und stillschweigende Grundannahme vieler Stilistiker ist, Sprache sei ein Medium. So wird dann oft unterschieden nach der Logik der Sache einerseits und der Logik der Sprache andrerseits und öfter wird die Sachlogik auch als Beurteilungsmaßstab des Stils angeführt. Schlechter Stil sei Inadäquatheit von Sprache und Sache oder aber lasse die Sache schlecht erscheinen. Diese Ansicht ist zwar weit verbreitet, aber nach vielen Sprachtheorien so nicht haltbar: Wenn ein Sachverhalt formuliert wird, dann ist es nicht nur eine stilistische Alternative, wie, sondern dann ist es eine Frage nach dem Sachverhalt selbst.
Stil umfasst gewisse charakteristische Züge sowohl dessen, was gesagt wird, als auch die Art, wie es gesagt wird.
Dazu können Sie am Anfang Kant in leichter Sprache prüfen.

72. Soll das ein Witz sein?

Ist das Folgende ein Witz oder witzig?

> Der Himmel ist dort, wo die Briten Polizisten, die Franzosen Chefs, die Deutschen Automechaniker, die Italiener Liebhaber sind und all das von den Schweizern organisiert wird.
> Die Hölle ist dort, wo die Briten Chefs, die Franzosen Automechaniker, die Deutschen Polizisten, die Schweizer Liebhaber sind und alles von Italienern organisiert wird.

Irgendwie ja.
Bei Witz denkt man schnell an die Textsorte Witz. Diese Verwendung des Wortes ist aber bei weitem nicht die häufigste, von der historischen Entwicklung gar nicht zu reden, wo in früherer Zeit Witz bekanntlich viel mit Geist und Klugheit zu tun hatte.
Überwiegend wird Witz hier als eine Eigenschaft von Menschen gesehen, vor allem von jenen, die Witz und Charme haben. Aber auch, was sie tun, kann Witz und Charme haben.
Was gehört dazu, damit ein Text witzig ist?

Lachen kann als definierende Reaktion genommen, sei es das Lachen des Sprechers, sei es das Lachen des Hörers.

Aber warum lachen wir? Es geht um den doppelten Sinn, darum dass eine Äußerung eine gewisse Ambivalenz zeigt, dass sie nämlich naheliegend in einem Sinn verstanden werden kann und vielleicht etwas ferner liegend in einem anderen Sinn. Dabei kann der andere Sinn gerade das Eigentliche sein. Wichtig bleibt aber das Schillern zwischen beiden.
Das Erstverstehen ist erwartet. Das Zweitverstehen ist eher unerwartet und überraschend. Unerwartet und überraschend scheinen schon früher als Lachauslöser erkannt worden zu sein. Mit dem zweiten Sinn zeigt der Produzent Reflexion und Distanz. Distanz kann sich auf unterschiedliche Weise zeigen. Zum Beispiel wie im Eingangstext:

- durch Übertreibung
- durch zitative Redeweise

Für das Gelingen sind die allgemeinen Prinzipien der Kommunikation zuständig. Insbesondere spielt die Aufwärmung eine wichtige Rolle: Ankündigung von Witzen oder Standardformeln für Witze und Nennung von Figuren wie Tünnes und Schäl oder Kleinfritzchen oder Ähnliches.
Grundsätzlich sind die meisten Witze unterinformativ, da das Eigentliche implizit bleibt. Man muss drauf kommen, um den Witz zu verstehen und so zu seinem Lacher zu kommen. Wir verwenden dazu zwei Hinblicke:

- Der erste Blick ist vordergründig, er bewegt sich in einer gewissen Sphäre.
- Der zweite Blick betrifft das Implizite, eine zweite Sphäre.

Zwischen beiden Blicken und Sphären herrscht eine gewisse Dissonanz. Aber die zweite Sphäre wird nicht sofort aufgemacht. Darin liegt die Überraschung. Man könnte es auch die Pointe nennen. Übrigens, beim Witze erzählen ist eine Kunst, den Partner möglichst lange in der ersten Sphäre zu halten, aber nicht den Absprung zu verpassen. Schlecht ist es bekanntlich, wenn der Partner zu früh die Pointe erahnt.

73. Woher kommen Versprecher und Verhörer?

In seinem Werk „Zur Psychopathologie des Alltagslebens" befasst sich Freud mit Meringers Sammlung von Versprechern und dem Beispiel „Dann aber sind Tatsachen zum Vorschwein gekommen . . .", bei dem der Sprecher anschließend bestätigt habe, dass er an Schweinereien gedacht habe. Nach Meringer liege in der Ähnlichkeit der Wörter eine ausreichende Erklärung. Freud will natürlich tiefer graben. Er sucht „einen längeren Weg durch eine komplexe Assoziationsreihe". In dem Versprecher komme eine unbewusste Aussage zum Vorschein (nicht „zum Vorschwein" diesmal). Hiermit war der Freud'sche Versprecher geboren. Die Idee ist, dass der Versprecher damit etwas Sinnvolles offenbart, was er eigentlich gar nicht sagen wollte.

Es gibt aber so viele Versprecher, die nicht immer kühn und personenspezifisch auszudeuten sind. Sie sind nicht unbedingt ein Königsweg zum Unbewussten, sondern auch Grundlage einer Methode, das mentale Lexikon zu erforschen. Helen Leuninger hat über Jahre eine Verbrecherkartei – pardon Versprechenskartei – pardon Versprecherkartei – geführt und ihre Funde analysiert.
Die Grundidee ist: Versprecher sind nicht irgendwie zufällig, man kann gewisse Regelmäßigkeiten entdecken. Wenn man Versprecher kotzequent – pardon konsequent – analysiert, kommt man der Organisation unserer Sprachfähigkeit auf die Spur. Man könnte erkennen, welche mentalen Vorgänge beim Sprechen im Gehirn ablaufen und wie die Individualsprache im Gehirn hinterlegt ist. So laufen die Versprecher stets in einem grammatischen Segment ab, was als Indiz für die psychische Realität grammatischer Einheiten gewertet wird. Betroffen sind meist Wörter, die betont sind und oft gerade die Wortanfänge. Im Einzelnen hat Leuninger die folgenden Verfahren aufgeführt.

Substitution: Ersetzung aufgrund von Bedeutungs- oder Formähnlichkeit. Reine Lautsubstitution in *die Nachrichten in Schlafzeilen*, Anklang in *Artillerieverkalkung* statt *Arterienverkalkung*, lexikalisch in *ein Kind abonnieren* statt *ein Kind adoptieren*.

Permutation: Vertauschung von Teilen zusammengesetzter Wörter, von Silben oder Lauten: *Die nehmen wir mit Husskand, eine Kussverletzung am Schopf, Schnill und Dittlauch, mein Kralli putzt* statt *mein Pulli kratzt, . . . wenn Sie unser Misstrauen verbrauchen.*

Antizipation: Vorwegnahme von sprachlichen Einheiten. Die Einheiten können Wörter, Wortbestandteile, Silben oder Laute sein: In *Der Vorwurf ist bereits in Vorbereitung* ist *vor* aus *Vorbereitung* vorgezogen, in *der bleste Platz* und *Schweinschwangerschaft* die Lautkombination.

Postposition: Im Nachklang wird eine Einheit, die schon geäußert wurde, ein zweites Mal verwendet: In *sozialistische Zekten* wird das „z" wieder verwendet, in *jüngstes Gerücht* das „ü".

Kontamination: Vermischung zweier alternativer Einheiten, Wörter oder Phrasen: *Hinwaltspunkt* für *Hinweis + Anhaltspunkt, Dünnfall.*

Substitution und Kontamination haben viel damit zu tun, wie wir Wörter im mentalen Lexikon finden. Einerseits scheinen lautliche Muster und Ähnlichkeiten eine Rolle zu spielen. Andererseits dürften auch Bedeutungsbeziehungen, vor allem Bedeutungsähnlichkeit, aber auch Gegensätzlichkeit greifen.

Versprecher sind Alltag. Wir notieren sie nicht, ja als Rezipienten korrigieren wir sie automatisch. Nur die witzigen und scheinbar erhellenden werden gesammelt und tradiert.

Verhörer sind tatsächlich kreativ und bisher kaum erfasst. Es mag schon mal ein Missverständnis bewusst werden, das auf einen Verhörer zurückgeht wie hier bei den Alltagbeispielen:

> Dreiunddreißig Euro. – Was dreihundertdreißig Euro? – Nein, drei-und-dreißig.

Mein Ausguss war verstopft. Aber der Klempner war schon da. – Wieso der Klempner für den Auspuff?

Verhörer haben viele Ursachen, zum Beispiel mangelnde Fremdsprachkenntnisse, begrenzter Wortschatz, schlechte Artikulation oder Aufnahmetechnik, starke dialektale Prägung. Manche Verhörer sind auch durch den Kontext und die frühzeitige Aktivierung von Wortfeldern (semantic priming) erklärbar: Man hört, was man erwartet zu hören. Oder man zimmert sich um den Verhörer herum ein neues Weltverständnis mit verblüffend abstruser Logik.
Der Mensch sucht nach Sinn, und wenn es sein muss, auch nach Unsinn:

Der Riese haust in New Orleans.
knabenbringende Weihnachtszeit
Komma Jesus, sei unser Gast.
Steht der Tropfen, höhlt der Stein.

Udo Jürgens' *Griechischer Wein* wurde da zur Warnung *Kriech' nicht da rein!*.

Wir Menschen sind Sinntiere, wir wollen, dass Gesagtes Sinn macht, und wir unterstellen dem Partner, dass er Sinnvolles äußert – meistens jedenfalls. Das geht meist glatt, nur manchmal bricht es auf. So wenn der spanische König für seine Verdienste Kolumbus zum Witzekönig von Südamerika macht. Oder: „Seehofer und Merkel harmonieren wie einäugige Zwillinge."

74. Was sind Spoonereien?

Gestatten Sie mir, hiermit ein neues Wort zuvorschlagen, oder gleich zwei, sogar einen Anglizismus. Wir alle sind nämlich Spooner – meist ohne dass es bemerkt wird. Auch Politiker spoonern und, da sie in der Öffentlichkeit stehen und unter Beobachtung, kursieren ihre Produkte; sie sind eben Schauspüler auf der Biehne. So lehrte uns einst Helmut Schmidt, dass auf grobe Keile auch grobe Klötze gehören, und Ulrich Klose meinte zur Opposition: Wir pfeifen nicht nach Ihrer Tanze.
Verräterisch müssen Spoonereien nicht immer gleich sein. Angela Merkel redete – wen wohl? – so an: Lieber Roland Kotz – äh Koch. Minister Nebel wollte Migranten helfen und meinte: Hilfreich ist die deutsche Strafe. Da kann man nur stuzimmen.
Helen Leuninger hat eine Reihe von Spoonereien aus dem Alltag aufgelistet, so tiefsinnige wie: „Der Mensch ist doch sehr hormonisch und die Frau reizt nicht mit ihren Geizen" (was nicht zu der erwähnten Schweinschwangerschaft führen möge). Ein Wink mit dem Faulzahn?
Heimwerker können selbst Spoonereien (= Spinnereien) basteln. Eine Grastelbuppe hat folgende ausbaldowert:
Bartzitter-Schokolade – Baufensterschummel – Dissenswurst – Einlaufskiste – Fabelkernsehen – Faltweiberastnacht – Findelgeschwühl – Fintentisch – Fluppenschechte – Gelenkschaden – Hasenreizung – Hochzuckdrone – Hodenbeizung – Kotztropf – Kuseschmatze – Maschwaschine – Pöbelmacker – Rattenschiss – Schluckerzecken – Schnabelkur – Speckhoiler – Strandleicher – teesüchtig – Webelnerfer

Übrigens, mit Löffeln wird es der Spooner nicht tun. Namengeber war ein Engländer namens Spooner, der viele aufgelistet oder vielleicht selbst produziert hat. Jedenfalls, wir kennen die wahren Spooner und denken: Verwahlsprechen sind doch nur Wahlversprecher!

75. Übersetzen – (wie weit) geht das?

Dies sind sechs Übersetzungen des nämlichen japanischen Haikus. Welches würde Ihnen am besten gefallen?

Ach, da pflückt er Kô-Gerank, –
Und ein Tag, ohn ihn zu sehen,
Wird mir ja drei Monden lang!

Ach, da pflückt er Stabwurz heut, –
Und ein Tag, ohn ihn zu sehen,
Wird mir dreier Herbste Zeit!

Ach, da pflückt er Beifuß ein, –
Und ein Tag, ohn ihn zu sehen,
Ist als obs drei Jahre sei'n.

Fasel sammelt er im Hag. –
Wenn ich meinen Freund nicht sehe,
Wird drei Monde mir ein Tag.

Beifuß sammelt er im Hag. –
Wenn ich meinen Freund nicht sehe,
Wird drei Herbste mir ein Tag.

Wermut sammelt er im Hag. –
Wenn ich meinen Freund nicht sehe,
Wird drei Jahre mir ein Tag.

Natürlich können wir übersetzen und täglich wird unüberschaubar viel übersetzt. Aber was kommt da wirklich rüber?
Das Übersetzen eines Textes geht natürlich nicht Wort für Wort. Das wissen wir. Ob es dann aber noch eine gute Übersetzung geben kann? Wenn kein Wort richtig passt, wie kann man dann einen Text in einer anderen Sprache anders fassen, ohne dass etwas verloren geht?
Im Grunde wird gar nicht der Text übersetzt, sondern der Sinn des Textes wird in einer anderen Sprache neu gefasst, neu wiedergegeben. Leider ist der Sinn eines Textes gar nicht wörtlich da, der Sinn ist eine Deutung des Textes. Beim Übersetzen ist es die Deutung des Übersetzers. Damit sind wir Rezipienten erst einmal abhängig von der Deutungskunst des Übersetzers. Dann aber kommt die zweite Hürde: Der Übersetzer soll den Sinn in einer anderen Sprache fassen. Da ist er gebunden an und beschränkt durch seine Sprachkompetenz. Schließlich kommen wir selbst noch ins Spiel. Wie gut ist unsere Verstehenskompetenz?

Wahrscheinlich würden viele sagen, dass die immense Variation in den Haiku-Übersetzungen etwas zu tun habe mit der Quelle, nämlich Dichtung. So wäre dann gleich eine Gattung auszunehmen. Weiter kommt vielleicht zum Vorschein, dass Japanisch und die Denke dahinter uns einfach fremd seien. Und das ist ein Knackpunkt: Alles, was grundverschieden ist, kann nicht übersetzt werden. Aber genau das wäre doch das Interessante.

Was folgt aus alledem? Wenn wir die Sprache des Originals nicht können, müssen wir uns mit dem begnügen, was der Übersetzer uns über- und vorsetzt. Das ist oft schon sehr viel und Vielen genug. Wer aber übersetzen will, dem bleibt nicht erspart, in Ausgangssprache und ihre Kultur einzutauchen.
Zum guten Schluss und Trost noch etwas, was schier unübersetzbar bleibt.

Lewis Carroll Jabberwocky	Der Zipferlake
\`Twas brillig, and the slithy toves Did gyre and gimble in the wabe: All mimsy were the borogoves, And the mome raths outgrabe.	Verdaustig wars, und glasse Wieben Rotterten gorkicht im Gemank; Gar elump war der Pluckerwank, und die gabben Schweisel frieben. Ch. Enzensberger

Lektüreempfehlungen

Grundlagen

Die zwei Klassiker

Paul Watzlawick/ Janet Beavin/ Don Jackson:
Menschliche Kommunikation. Formen, Störungen, Paradoxien. Bern 2011

Friedemann Schulz von Thun: Miteinander Reden. Störungen und Klärungen. Allgemeine Psychologie der Kommunikation. Reinbek 1981

Hans Jürgen Heringer: Kommunikationsfallen: Und wie man hineintappt. Brey 2018

Claus Ehrhard/ Hans Jürgen Heringer: Pragmatik.
Paderborn 2011

Populär und zu vielen Themen:
https:/ / karrierebibel.de/ kommunikationsmodelle/

Wer etwas zu allem will, möge in dieses gewaltige Buch schauen:
David Crystal: Die Cambridge Enzyklopädie der Sprache. Leipzig 1998

Sprache
Hans Ulrich Schmidt: Die 101 wichtigsten Fragen. Deutsche Sprache. München 2010

Rudi Keller/ Ilja Kirschbaum: Bedeutungswandel. Eine Einführung. Berlin, New York 2013

Kritisch
Hans Jürgen Heringer/ Rainer Wimmer: Sprachkritik. Paderborn 2015

Wort und Wortschatz
Dietrich Busse: Semantik. Paderborn 2009

https:/ / www1.ids-mannheim.de/ lexik/ owid.html

Satz und Grammatik
Zweifelsfragen der Grammatik online und gut lesbar: https:/ / grammis.ids-mannheim.de/ fragen